Djamel LIFA

LE JOUR OÙ J'AI RACCROCHÉ MES GANTS

Itinéraire d'un franc-maçon

Entretiens avec André Benzimra

L'HARMATTAN

Ouvrages d'André Benzimra

Légendes cachées dans la Bible, études de Kabbale maçonnique.- Archè Milano, 2007.

L'interdiction de l'inceste selon la Kabbale. -Archè Milano, 2007.

*Exploration du temple maçonnique selon la Kabba*le. Dervy, 2007.

Hermétisme et alchimie dans la Kabbale, prolongements maçonniques.- Archè Milano, 2009.

Contribution maçonnique au dialogue entre les religions du Livre, le grand secret de réconciliation.- Dervy 2010.

A paraître chez Archè Milano

Enquête sur l'existence d'une théorie du temps cyclique en Franc-Maçonnerie.

Avant-propos

André Benzimra. - Eh bien, voici une rencontre qui avait toutes les chances de ne jamais se réaliser.

Djamel Lifa.- C'est sûr : moi un petit villageois, fils d'immigré, arabe, boxeur, un homme sans religion ni certitude…

A.B.- Et moi un petit-bourgeois, juif, « intellectuel » (ou soi-disant tel) et un mystique… Anderson, l'un des pères de la Franc-Maçonnerie moderne, disait avec raison que la Maçonnerie permet à des gens de milieux différents de se rencontrer.

D. L.- C'est vrai. Dans le monde profane, les gens adorent se regrouper par catégories, les instituteurs avec les instituteurs, les juifs avec les juifs, les sportifs avec les sportifs… Chez nous, c'est tout le contraire. Plus tu es différent de moi, plus tu m'intéresses.

A. B.- Rien de plus normal. Que pourrais-tu bien m'apprendre si tu étais mon clone ?

Mais venons-en à notre sujet. Je venais à peine de faire ta connaissance que tu me faisais part de ton désir d'écrire un livre, en l'occurrence ton autobiographie. Peux-tu m'expliquer pourquoi ?

D. L. - C'est une longue histoire. Peut-être que la raison de ce désir t'apparaîtra quand je t'aurai raconté ma vie…

A. B.- Mais, en première approche, que dirais-tu à ce sujet ?

D. L. - Eh bien ! je dirais : un besoin dévorant, d'être reconnu. Je sais, c'est de l'individualisme, de l'égocentrisme, mais c'est comme ça. Je ne vais pas me déguiser en ange du seul fait que je veux m'adresser à un public.

A. B.- Et qu'est-ce que c'est, un besoin de reconnaissance ? Tu voudrais qu'on t'admire, qu'on proclame que tu es le plus beau, le plus fort, le champion, quoi exactement ?

D. L.- Ça aussi, peut-être. En tout cas, ça a dû être principalement ça, à une certaine époque de ma vie.

A. B.- Oui, mais pour le Djamel qui voit les choses avec du recul, qui a un peu compris ce qui, dans la vie, mérite d'être recherché, qu'est-ce que c'est, un besoin de reconnaissance ?

D. L.- Je crois, finalement, que c'est le désir de vivre avec l'autre dans une certaine forme de réciprocité. C'est aspirer à se trouver dans une situation telle qu'on aime et qu'on est aimé. Tu comprends, tous les organes de mon corps ne sont pas pareils. Moi, c'est le cœur qui occupe la première place. *(Ici, Djamel esquisse un cercle avec ses deux mains pour me donner une idée de la grosseur de son cœur.)* S'il est au chômage, si je n'ai personne qui m'aime et que j'aime, j'ai comme l'impression d'être né pour rien. C'est ainsi. Je tiens cette faiblesse de cœur de mes parents, de mon père, un tendre sous ses airs bourrus, et de ma mère, une tendre absolue, c'est-à-dire sans les airs bourrus. Voilà donc l'origine génétique de mon besoin de reconnaissance. Maintenant, il faut également prendre en compte les aléas de la vie. Je suis fils d'immigrés, d'une famille pauvre et honteuse de l'être, j'ai passé mon enfance dans les Alpes de Haute Provence, dans un village complètement isolé, solitaire (Oraison), mais où les gens ont encore trouvé le moyen de garder des distances vis-à-vis de leurs Arabes (les choses se sont un peu arrangées depuis les deux dernières décennies, surtout avec les Lifa parce qu'ils ont donné un champion d'Europe à la France). Mais bon, je ne vais pas faire du misérabilisme. Je ne cherche pas à faire pleurer les chaumières, seulement à être aimé.

A. B.- Et alors, ce besoin de reconnaissance, tu as réussi à le satisfaire au cours de ta vie ?

D. L. - Avec des hauts et des bas.

A. B.- Les hauts, c'est lorsque tu courais de victoire en victoire, lorsque tu anesthésiais tes adversaires un à un avec ton fameux uppercut au foie, bref, lorsque le petit boxeur provincial était en train de se métamorphoser en un champion universellement connu… et reconnu.

D. L. - Bien sûr.

A. B.- Et les bas ?

D.L.- En fait, il n'y a eu qu'un seul bas, enfin un bas plus bas que les autres. Ça a été le jour où j'ai raccroché mes gants pour la dernière fois. Ça a été terrible. Je ne sais pas si tu as jamais songé à la souffrance d'un boxeur au lendemain de son dernier match. La veille, impossible de te montrer en public sans déclencher des ovations ; de te montrer dans les rues sans provoquer des attroupements ; de bavarder avec des amis sans que vienne s'intercaler entre eux et toi le micro d'un journaliste en quête d'une interview. Tu es le chouchou universel. Le papier collant sur lequel viennent s'agglutiner toutes les mouches de la Création. Le bien le plus précieux des promoteurs. Le baigneur à pouponner des soigneurs. Ton entraîneur est ton second père.

Le jour où tu raccroches tes gants, fini, terminé, dégagez, y a plus rien à voir. Les journaux passent à autre chose. Les organisateurs de matches ne te connaissent plus, puisque tu ne leur rapportes plus de sous. Même ton entraîneur a oublié à quel point il t'aimait. Plus personne dans la rue ne te reconnaît. Tous, tous, à qui mieux mieux, ils se font la paire.

Et la pire des choses, la pire : le téléphone ne sonne plus. Tu attends, tu attends. Eh non ! tu as bien entendu, ou plutôt rien entendu, c'est bien vrai qu'il ne sonne plus. C'est à ce silence que tu comprends à quel point tu es seul, à quel point tu n'es plus rien, à quel point, au vrai de vrai, tu n'as jamais été rien du tout. Que tout ce que tu as vécu de grandiose n'était qu'une illusion, une brume qui s'est dissipée au lever du jour. Tu comprends peut-être alors, André, ce que peut être un besoin de reconnaissance. Quelle différence ferais-tu entre quelqu'un qui vit au milieu de l'indifférence générale et un mort étendu dans sa tombe ? Oui, le jour où j'ai raccroché mes gants, je n'étais plus qu'un cadavre.

A.B.- Plus tard, tu as rencontré la Franc-Maçonnerie, compagnie sans doute plus fraternelle que celle que tu avais fréquentée auparavant. Qui sait ? c'est peut-être elle qui un jour parviendra à te redonner vie. Cette organisation transmet à ses adeptes la légende d'un certain Maître Hiram qui a été assassiné par de mauvais compagnons – comme toi en somme -, mais qui est ressuscité grâce aux mystérieuses opérations de nouveaux compagnons, des bons cette fois. Sera-ce aussi ton destin ? Et d'abord, comptes-tu persévérer dans cette voie maçonnique ?

D. L.- Le livre que nous allons écrire ensemble le dira peut-être. Je suppose qu'on écrit une autobiographie pour savoir exactement qui l'on est et où l'on veut aller.

A. B.- Soit, mais en attendant, raconte-moi le moment de ta vie où tu t'es senti, plus que jamais, reconnu, reconnu pleinement.

D. L.- Oui, ça a été fort, intense…

A. B. - Je suppose que ça a été le jour où l'on t'a sacré champion, de France ou d'Europe.

D. L.- Non, pas du tout. Je n'étais alors ni le plus fort, ni le plus beau, pour reprendre ton expression, seulement un jeune espoir, comme on dit. J'accompagnais Khalid Rahilou à Copenhague où il devait disputer le championnat d'Europe. La vedette, c'était lui. Moi, je n'étais que son ami, son supporter, peut-être un peu son entraîneur. Son entraîneur en second, bien sûr. Bon, avant le gong d'ouverture, on entonnait les hymnes nationaux et voilà qu'une armée de vikings était en train de chanter à gorge déployée l'hymne danois. Une impression de force, de puissance, une détermination incroyable. Qui aurait pu résister à ces géants mythologiques ? A plus forte raison, qui aurait pu croire un seul instant que leur boxeur, le plus robuste d'entre eux, pouvait être battu ? Ah ! certes, en vis-à-vis le malheureux Maghreb n'en menait pas large ! Et pourtant, ce jour-là, c'est Khalid qui a remporté la victoire.

Mais, je reviens en arrière, au moment où s'achèvent les dernières notes de l'hymne danois et que le speaker brandit son micro. *« - Allez, allez, vite, chantez l'hymne français ! »* Khalid était déjà sur le ring. Nous étions trois à pouvoir chanter : le promoteur, Michel Acariès, l'entraîneur, René Acquaviva, et moi. Alors, pris d'une subite inspiration, je m'empare du micro et voilà que je me mets à chanter, moi, moi tout seul. Avec une gravité dont je ne me serais jamais cru capable. Et alors, oh !

alors, il me semble que ma voix est un torrent, qu'à elle toute seule elle couvre le chœur des Vikings au point qu'il en devient inaudible. Une exaltation dont tu n'as pas idée. J'étais ivre. Il n' y avait plus de Djamel, plus de petit Arabe. J'étais devenu comme une statue. Et je représentais la France, moi, moi qui toujours m'étais cru indigne d'elle. Il y a des insectes qui viennent au monde, voient un éclair de lumière et meurent au bout de quelques secondes de vie. Si ma vie n'avait duré que cet instant où j'ai représenté la France, elle aurait eu déjà assez de sens pour mériter d'être vécue. Mais hélas ! comme je te le disais tout à l'heure, ces moments d'éternité sont sans lendemain.

A. B.- C'est le destin de toute gloire de finir dans l'anonymat et dans l'oubli. Or, voici que tu as quitté les feux de la rampe pour une vie bien différente, diamétralement opposée, même : la vie dans l'Ordre maçonnique, société discrète, s'il en est. Pourquoi donc as-tu voulu entrer dans cette confrérie d'anonymes ?

D. L. - Est-ce qu'on sait pourquoi on se lance dans une aventure de ce genre ? Ce livre, que nous commençons aujourd'hui, me l'apprendra peut-être.

A. B. - Bien, mais nous en sommes pour l'instant à l'avant-propos, lieu des idées qui sont encore à préciser. Tu as bien déjà quelque petite idée sur ce que tu es venu demander à la Franc-Maçonnerie.

D. L.- Le rituel s'enquiert : *« -Qu'êtes-vous venu chercher en Loge ? »* et la réponse est : *« La lumière »*. C'est bien comme ça que je sens les choses.

A. B.- Oui, mais qu'est que tu entends par cette *lumière* ?

D. L.- Je ne sais pas encore, puisque je la cherche. Ce dont je suis sûr, c'est qu'elle est à l'intérieur, tout au fond de moi, invisible en somme, tout le contraire de ces feux de la rampe qui ont éclairé ma carrière de boxeur.

Mais bon, tu m'as suffisamment cuisiné pour aujourd'hui. A mon tour.

Sais-tu que tu m'as intrigué, mon cher André ? Je t'avais à peine parlé de ce projet de livre que tu t'es aussitôt proposé à l'écrire avec moi. J'aimerais savoir pourquoi. Bien sûr, tu écris des livres, c'est ton métier, mais ce sont des ouvrages très spécialisés, et qui n'ont pas grand chose à voir avec une biographie de boxeur.

A. B.- Détrompe-toi, mon cher Djamel, les ouvrages de kabbale et de maçonnerie que j'écris ne sont pas fondamentalement différents de ce que je suis ici en train d'élaborer avec toi. La recherche de la sagesse n'implique pas que des études théoriques. Une de mes passions, c'est de faire la connaissance de Maçons exemplaires, ceux qui donnent envie qu'on les imite.

D. L. - En as-tu rencontré quelques-uns ? Et si oui, donne-moi des exemples.

A. B. - Il y en a pas mal. Je me suis constitué un petit *who's who* maçonnique de poche avec les Maçons remarquables que j'ai eu le privilège de connaître. Tu veux des exemples. Eh bien, je te citerai ce vieux bonhomme qui, à son quatre-vingtième anniversaire, interrompt les agapes fraternelles en disant : *« Mes Frères, j'ai un aveu à vous faire. Lorsque j'avais vingt et quelques années, j'étais un jeune loup avide de réussite sociale. Je suis donc entré en Maçonnerie pour me faire des relations. Naturellement, en vue de me faire admettre de vous, j'avais lu tous les livres nécessaires et lors des enquêtes diligentées par vous auprès de ma personne, je vous ai raconté ce que vous aviez envie d'entendre dans la bouche d'un bon candidat. Une fois dans la place, je me suis dit : ce n'est pas tout, si je veux m'élever dans les hauts grades où se cachent sans doute les grands pontes de la finance internationale, il faut que je bûche à fond leurs rituels et autres Anciens Devoirs*[1]*. Or, voici ce qui m'est arrivé d'inattendu. Je me suis tout à coup passionné pour ces documents, pour la quête qu'ils recommandent, pour la sagesse qu'ils essaient de définir et alors j'ai postulé un tout petit emploi dans un placard de l'E.D.F. afin d'avoir les loisirs suffisants pour méditer*

[1] Ces *Anciens Devoirs* sont de vieux textes maçonniques remontant à l'époque où les Francs-Maçons bâtissaient encore. Ils contenaient les préceptes moraux auxquels les Frères obéissaient.

plus à fond ces documents. Je ne sais si depuis lors j'ai fait beaucoup de progrès en matière de sagesse, mais je me devais de vous avouer que, à l'époque, vous avez initié un fripon. »

A une autre page de mon répertoire, je lis l'aventure survenue à un Frère luthier. Il vivait heureux et comblé entre sa femme chilienne, sa fille de dix-huit ans et ses instruments bien accordés lorsque, dans une revue que sa femme recevait du Chili, il découvre un jour la photographie d'une petite fille de deux ou trois ans. Une gamine craquante, à l'air un peu égaré et dont le portait avait été choisi pour illustrer un article sur les orphelinats au Chili. Tout à coup, ce Frère s'avise qu'il manque quelque chose à son bonheur et que sa famille n'est pas complète. Il s'embarque pour l'Amérique latine, là-bas va rendre visite au directeur de la revue, lui demande dans quel orphelinat la fillette a été recueillie. Mais le directeur lui rétorque qu'il n'en sait fichtre rien, qu'il ignore même par qui a été prise cette photo. Qu'à cela ne tienne, le père chercheur écume un à un les hôpitaux du Chili jusqu'au moment où il déniche sa deuxième fille. Naturellement, il a les pires difficultés pour l'adopter. Mais qu'est-ce qui peut arrêter l'amour lorsqu'il est en marche ?

Aujourd'hui, elle vit en France. Elle a un perpétuel sourire aux lèvres. Ce qu'elle a pu être désirée, celle-là !

Je n'ai rien contre Sophie Coignard, l'auteur de *Un Etat dans l'Etat*. Je n'ai rien contre Eric de Montgolfier, le tombeur de francs-maçons magouilleurs. Ils font leur métier, l'une de journaliste, l'autre de juge d'instruction. Il est simplement dommage que leurs fonctions ne leur fournissent pas l'occasion d'enquêter sur les cadres à la retraite et sur les luthiers.

D. L. (*un sourire*)**.-** Je voudrais bien être exemplaire, moi aussi, mais je ne suis pas tout à fait sûr de l'être. Peut-être que par amitié tu te trompes sur mon cas.

A. B.- Eh bien, cela aussi, c'est le livre qui nous le dira. J'attends aussi de celui-ci qu'il montre de la Franc-Maçonnerie un autre visage que le portrait qu'en brosse habituellement la presse. Au retour de chaque saison éditoriale, c'est le même rituel. La Franc-Maçonnerie est présentée comme une puissance politique qui fait et défait les ministères ; ou encore comme un réseau d'affairistes ; dans le cas le plus favorable, on la traite de secte. C'est ainsi depuis deux siècles.

D. L. - Et tout ça est faux, j'espère. .

A. B.- Ce qu'il y a de sûr, c'est qu'elle n'est pas une secte puisque tu peux la quitter quand tu veux et qu'elle n'exige pas de toi que tu crois en quelque doctrine philosophique, politique ou religieuse que ce soit.

D. L.- Et l'accusation d'affairisme ou de lobbysme politicard ?

A. B.- Hélas, il y a des gens qui s'introduisent chez nous pour se constituer en groupes de pression ou pour faire des affaires, cela n'est pas niable. Je ne mets personne en cause. Je ne sais pas qui sont les mauvais Maçons, eux le savent. Cela dit, ira-t-on soutenir que l'école de la République est détestable du fait qu'on y trouve des dealers et des racketteurs ? La Maçonnerie est une bonne école, bien qu'elle comporte de mauvais élèves.

En réalité, l'objet de ce livre n'est pas seulement de raconter ta vie, mon cher Djamel, il est de montrer qu'un homme d'intention droite peut trouver le chemin de la sagesse grâce à la lumière que la Franc-Maçonnerie allume au fond de lui.

I

Enfance

André Benzimra. - Eh bien, Djamel, dis-moi où et quand le futur champion a commencé sa vie.

Djamel Lifa.- Où ? A Oraison, un petit village provençal de quelques centaines d'âmes, parcouru d'effluves de lavande la nuit et de sons de cloches le jour. Au centre s'élève l'église où, dans mon enfance, officiait le père Racine, notre bon curé, qui sonnait plus souvent qu'il n'avait d'occasions de prêcher : Malgré son nom, Oraison n'est pas une citadelle de la foi.

C'est là que le 1er mars 1969, par erreur, j'ai vu le jour.

A. B.- Par erreur ?

D. L. - Eh oui, j'étais destiné à naître dans l'est algérien, dans le Constantinois, comme mon père qui est né à Jijel, en petite Kabylie. Mais c'est ma spécialité, je me retrouve toujours ailleurs que là où je devrais être. Est-ce qu'enfant, j'aurais pu imaginer qu'un jour je deviendrais boxeur ? Boxeur, que je serais champion et célèbre ? Rendu à l'anonymat, que j'entrerais dans une *société discrète*, la Franc-Maçonnerie ? Et, aujourd'hui, que j'écrirais un livre ?

A. B. - Ton père a donc fait un long chemin pour venir te mettre au monde à Oraison ?

D. L. - Très long. Surtout qu'il n'a pas tout de suite atterri à Oraison. Arrivé en France en 57, pour trouver du travail, il voulait se rendre à Grenoble où vivait un cousin qui s'était proposé de l'aider. A l'époque, Père ne savait ni lire ni écrire ; c'est à peine s'il savait parler français. Il demandait aux passants : *« Grounoub, Grounoub ?».*Et les gens lui montraient le Nord : *« - Grenoble, c'est par là. »* A force de répéter à tout venant : *« Grounoub, Grounoub ? »*, il a fini par couvrir à pied la distance Marseille-Grenoble.

A. B.- A pied ?

D. L.- Il n'était pas le seul. En ce temps-là, il y avait une nuée de Maghrébins qui, partis de Marseille, sillonnaient les routes de France en route vers un lointain parent disposé à les aider dans leur installation. Des fantômes qui traversaient les champs. A leur passage, bûcherons et jardiniers en déposaient leur serpe d'étonnement. Il paraît qu'on n'avait plus vu de ces errants dans les campagnes depuis le début du XXe siècle. A la tombée de la nuit, les gens les épiaient avec inquiétude et fermaient leurs poules.

A. B.- *Ibant obscuri sub nocte sola.*

D. L.- Comment dis-tu ?

A. B.- *Ils allaient obscurs dans la nuit solitaire.* C'est un vers de Virgile relatif à l'errance des Troyens après la ruine de leur patrie. Ces Troyens-là étaient les travailleurs immigrés de l'époque.

Et, une fois installé en France, comment ton père a-t-il trouvé le moyen de survivre ?

D. L. - Il a fait un peu partout tous les métiers. Pour finir, il s'est établi à Oraison comme ferrailleur. Il s'est construit tout seul sa maison. Au bout de quelques années, lorsqu'il a estimé que sa vie était suffisamment en ordre, M. Sadok Lifa s'est dit qu'il était temps…

A. B. - …d'aller chercher une épouse au pays natal… ?

D. L.- C'est ça. Quand il est revenu avec sa gentille Hafsia, ma mère, je me suis dit : *« Bon, c'est le moment de me pointer. »*

A. B.- Doucement, mon cher Djamel, autant que je sache, tu as dû attendre encore un peu. Tu avais trois frères qui avaient priorité sur toi, Randal, Hacène et Hocine et aussi trois sœurs, Fatima, Dalila et Malika. Seule la petite Samia est arrivée derrière toi. Pour un champion, tu n'as pas tenu la tête du peloton.

D. L.- Exact.

A. B.- Parle-moi de tes parents.

D. L. - Que veux-tu que je te raconte ? Il y a tant de choses qu'on peut dire de ses parents, sans compter ce qu'on ne peut pas dire et qui est aussi important qu'indescriptible : un regard, un geste, un silence qui ont marqué ta vie, tu serais bien en peine de dire pourquoi…

A. B. - Si tu devais dire l'essentiel ?

D. L. - Eh bien, mon père, au village, c'était un peu le sage, en tous cas le médiateur, celui qui calmait les esprits, qui réglait les différends, qui arrondissait les angles entre les communautés… Tu sais, au village, on n'était pas très enchanté d'avoir des concitoyens arabes… Pourtant, Oraison, ça n'a jamais été les cités à problèmes de la région parisienne… Mais c'est comme ça : à la moindre incartade d'un gamin, il y avait des gens pour en faire toute une histoire. Alors, il fallait d'un côté minimiser auprès des populations afin qu'elles se rassurent, de l'autre donner des coups de pied aux fesses aux garnements pour qu'ils se tiennent. Voilà ce que c'était que mon père. Un orateur très écouté car tout un chacun savait qu'il était un homme juste et quelqu'un qui avait de l'ascendant sur les jeunes écervelés du coin. Au total, le sens de l'équilibre, une qualité essentielle pour qui veut préserver l'entente et l'harmonie autour de soi.

A. B.- Ce que tu dis ne me surprend guère : *Sadok*, le prénom de ton père, veut dire quelque chose comme *juste*.

D. L.- Ah oui ? Eh bien alors, le hasard a bien fait les choses.

A. B.- Le hasard ? Oui, peut-être, puisque, après tout, ce sont les parents qui choisissent le prénom de leur enfant et qu'ils le font sans savoir ce que celui-ci va devenir. Mais qui ou quoi dirige ce choix ? Qui ou quoi inspire aux parents de jeter leur dévolu sur ce prénom, *Sadok*, plutôt que sur *Mouloud* ou sur tout autre ?

En tout cas, je l'ai souvent remarqué, il y a une harmonie, une correspondance inexplicable entre ce que nous sommes et le nom – ou le prénom - que nous portons.

D. L.- Voici notre André qui dérive vers l'un de ses rêves mystiques dont il a le secret.

A. B.- Tu as raison, mécréant. Revenons donc sur la terre. Avec un père pareil, je suppose que ça devait marcher droit à la maison.

D. L.- Ça marchait rectiligne, mais surtout parce que chez nous, le respect était quelque chose qui allait de soi vis-à-vis des parents.

Dans son foyer, mon père parlait peu. Un mot tombait de sa bouche et aussitôt tout dans la maisonnée s'ordonnait selon son désir. Vis-à-vis de ses proches, c'était quelqu'un de distant. Il me semble que je n'ai fait sa connaissance que très tardivement, peut-être à l'époque de mes jeux olympiques, quand il a jugé qu'il pouvait se relâcher de sa tâche d'éducateur et entretenir avec moi des conversations familières.

A.B.- Et ta mère, Hafsia, qui est-elle ?

D. L.- *« Derrière tout grand homme se cache une femme »,* dit le proverbe. Mon père était silencieux, mais elle l'était davantage encore. Sa vie, c'est une tâche qui ne finit jamais. Un rôle de mère qui ne se met jamais en vacance. Même à présent que les enfants ont quitté la maison paternelle, elle continue de faire à manger pour dix pour le cas où…

A. B.- Elle a des amies, des parentes qu'elle continue de voir ?

D. L.- Qu'elle reçoit avec plaisir. Elle-même se déplace peu et rend rarement visite aux autres. Mais je vais te dire, André, ce qui fait de cette humble femme une grande dame. Les papotages, les cancans, les médisances, dans sa bouche je n'en ai jamais entendus. Elle a un respect absolu pour les autres. Ses mots sont pesés, toujours, avec une minutie et une délicatesse extrêmes.

Mais surtout, surtout, ma mère, c'est une blessure à vif et qui ne s'est jamais refermée…Une béance…

A. B.- Oui, raconte ces deux catastrophes qui vous sont arrivées.

D. L.- Eh bien Rachol, c'est-à-dire mon frère Randal, était abonné aux accidents de voiture. Il cassait son véhicule au moins une fois par an. Un jour, il s'est brisé lui-même avec sa voiture.

L'année suivante, ça a été Hacène. Mais là, ce fut plus grave que la mort. On a retrouvé sa voiture dans le canal. Pas lui. On a cherché partout où il avait l'habitude d'aller, on est entré en contact avec tout ce qu'on pouvait avoir comme parents, amis, connaissances en France, en Algérie. Rien. On n'a plus jamais entendu parler de lui.

Imagine ce que ça peut être pour une mère. Ce n'est même pas comme si le bon Dieu – s'il y en a un - lui avait retiré son fils ; c'est comme si on niait qu'elle ait jamais eu ce fils-là, comme si on lui contestait sa maternité, enfin, je ne sais pas comment exprimer cette chose-là. Je disais : ma mère est une béance. Elle a toujours été discrète. Mais depuis cette disparition, elle s'est comme effacée, comme niée elle-même. Disparue à son tour, en quelque sorte.

C'est étrange, cette histoire de disparition. C'est comme si l'anéantissement était devenue une maladie contagieuse. On dirait que, Hacène s'étant volatilisé, Rachol, à son tour, a troqué sa mort contre une disparition : de la sorte, le croiras-tu ? nous avons été plusieurs dans la famille à rêver que nous ne retrouvions plus sa tombe au cimetière. On dirait encore que, mes deux frères ayant quitté ce monde sans laisser de corps derrière eux, Hafsia elle-même a cessé d'occuper pleinement les lieux où elle se trouve, comme si la gomme du Créateur l'avait quelque peu effleurée. Et quand nous nous retrouvons, les dix, en famille, les dix, c'est-à-dire les huit vivants homologués comme tels plus les fantômes des deux qui ne sont plus, il y a comme un trou dans le tableau de famille et l'on ne sait plus trop qui s'y est englouti, qui en a réchappé.

A. B.- Je commence à comprendre de quelles étoffes tu a été tissé, mon cher Djamel.

D. L.- Que veux-tu dire ?

A. B.- Je veux dire que tu es un drôle de mélange. D'une part, tu es un cogneur, un homme d'action, efficace, sûr de lui-même. Ça, c'est l'héritage de ton père. D'autre part, tu es dévoré d'un désir insatiable de reconnaissance, tu doutes de toi, tu te considères comme plus petit que les autres, tu t'effaces, tu disparais. Et ça, c'est ta mère, évidemment.

D. L.- J'aime bien ce que tu me dis là, André.

A. B.- Et pourquoi ?

D. L.- Parce que jusqu'ici, j'aurais été tenté de penser qu'il est bon d'avoir de l'assurance et qu'il est plutôt regrettable de douter de soi. Mais à présent, cette dernière tendance me paraît digne de respect et il me semble que c'est presque un devoir filial de l'assumer.

Par ailleurs, je suis heureux de me rendre compte qu'il n'y a pas d'un côté mes parents et de l'autre moi, leur fils, et qu'au fond du fond, ces trois êtres n'en font qu'un.

A. B.- Bien sûr. Dans les sociétés anciennes, celles où les hommes avaient encore le sens de l'unité des êtres et des choses[2], le père et la mère ressentaient leur rejeton comme un de leurs organes devenu extérieur. Et le rejeton se sentait lui-même comme tel. C'était comme si le fils n'avait jamais quitté les entrailles de sa mère, ni même les reins de son père.

Bon, tu m'as présenté tes parents. Dis-moi à présent quelle éducation ils ont tenté de te donner.

D. L.- Eh bien, tu sais, c'étaient des honnêtes gens, des gens de cœur et aussi des esclaves du travail. Pour eux, la survie passait par le fait d'avoir des principes et de bosser comme des fous. Donc, ils ont tout fait pour me communiquer ces principes et me donner le goût du travail. Pour ce qui est de la morale, ça va, ils ont réussi à me la transmettre. Mais le goût du travail... ah ! non ! Quand je pensais à leur misérable existence, rien que des efforts, des efforts et encore des efforts et jamais autre chose que des miettes en récompense, je me disais que pour rien au monde je ne suivrais leur chemin. Le travail, cet esclavage forcené, sans répit, non, non, j'étais bien décidé à m'en préserver comme de la peste.

---

[2] Il s'agit ici de sociétés qui se situent aux origines d'une tradition : la société hébraïque à ses débuts, la société des premiers chrétiens, la société islamique des premières décennies de l'hégire.

A. B.- Alors, tu rêvais de quoi ? de quel destin ?

D. L.- Tu es marrant, toi, André. Où aurais-tu voulu que je les prenne, mes rêves d'avenir ? Les maghrébins immigrés en France n'avaient à cette époque aucun horizon, aucune perspective ; la société environnante ne leur offrait aucun tremplin. Mes pauvres parents n'avaient aucune culture et le rêve est directement proportionnel au degré de culture. Même leur religion, l'islam, Sadok et Hafsia l'avaient oubliée en traversant la Méditerranée et en abordant un rivage si différent du pays qu'ils avaient connu. Qui me les aurait insufflés, mes rêves ?

A. B.- Vous étiez donc athées, chez vous ?

D. L.- Athées ! athées ! C'est beaucoup dire. L'athéisme est une position destinée aux gens qui ont le temps de prendre la mesure des choses. On n'était pas athée chez moi, on n'était rien du tout. Est-ce que tu aurais l'idée d'aller demander à une bête de somme si elle est athée ou croyante ? Non, vraiment, ni religion, ni culture d'aucune sorte dans la famille. Où est-ce que je serais aller les cueillir, mes rêves ?

A. B.- Mais dans le reste de ta famille, même éloignée, il n'y avait personne, vraiment personne, qui aurait pu t'ouvrir des horizons ?

D. L.- Oui, il y aurait eu mon grand-père, peut-être. Lui, il avait la foi, une foi solide, et puis des lectures, et puis de la science. Mais je ne le voyais jamais. Il n'est venu qu'une seule fois à Oraison. *(Djamel sourit)*. Un jour, l'heure de la prière l'a surpris au beau milieu de la place du village. Il a déployé son tapis, s'est prosterné dessus et a commencé ses dévotions là même, au milieu de la place, devant tout le monde. Stupéfaction générale, attroupement, spectacle. Mais lui, il ne s'est pas du tout aperçu qu'il donnait un spectacle. Il était seul à seul avec Dieu. Son monde n'était pas celui des assistants, ni le mien. Oui, mon grand-père aurait pu me faire rêver. Mais il n'a fait que passer dans ma vie. Il m'a laissé un souvenir flamboyant, mais qui se réduit à quelques rares images. Dans le fond, il est resté un inconnu, je ne sais pas qui c'était exactement.

A. B.- Je comprends. Tu as croisé quelqu'un qui a manqué être tout pour toi. Et puis, la chose n'a pu se faire : il est passé dans ta vie comme un météore.

D. L.- Si vite que je ne sais même pas si son passage m'a laissé un regret ; si son évocation me donne seulement l'envie de verser une larme. Je dirais peut-être qu'il a été pour moi quelqu'un de très cher, mais que j'ai à peine entrevu, que j'ai quitté trop vite pour qu'il puisse vraiment adhérer à ma mémoire.

A. B.- Tu disais tout à l'heure que tu te retrouves souvent ailleurs que là où tu devrais être. Il arrive aussi que tu rencontres l'homme qui pourrait te servir de maître, de guide, et que tu sois obligé de passer ton chemin.

D. L.- C'est vrai. Je te parlerai plus tard d'un sage que j'ai rencontré à Djakarta et que j'ai laissé là-bas.

A. B.- Bien, changeons de sujet. L'école ? Tels que je les imagine, tes parents ont dû tout faire pour que tu réussisses à l'école.

D. L.- Tout, bien sûr. Ils ont tellement souffert de leur ignorance... Mais, contrairement à ce que tu dis, nous ne sommes pas en train de changer de sujet. *(Djamel sort une photographie de son porte-document.)* Vois, sur cette photo, ma maison : elle est un peu sur la gauche, cachée par des bâtisses un peu plus grandes qu'elle. L'école Léonie Etienne que j'étais censé fréquenter, se trouve, quant à elle, plutôt sur la droite, là, après l'église. Ça fait quoi ? Royalement deux cent mètres. Ça n'est vraiment pas une grande distance. Pourtant, là encore, j'ai passé mon chemin.

A. B.- Quoi, tu n'allais pas à l'école ! ?

D. L.- Oh ! oui, en un sens, j'y allais. Sans cela, mon père m'aurait tué. Mais voilà, je déposais ma carcasse sur un banc, je lui imprimais un regard fixe, histoire de faire croire à mon instituteur, que l'élève Lifa était tout ouïe. Et pendant que cet automate faisait semblant d'étudier, le vrai Djamel, le Djamel invisible, se retirait sur la pointe des pieds...

A. B.- Pour aller où ?

D. L.- N'importe où plutôt qu'ici. Les rêveurs de notre classe se donnaient rendez-vous au stade de foot et là, télépathiquement, ensemble, nous tapions voluptueusement le ballon.

Il arrivait aussi, surtout en fin d'année, que, à force de complaisance pour ce dévergondage mental, les footballeurs platoniques se retrouvassent pour de bon, en chair et en os, sur le véritable terrain.

Nous aimions aussi nous rendre au jardin public, un jardin qui se trouvait juste à côté de la piscine municipale. C'était un merveilleux jardin. Un bassin avec des poissons rouges en occupait le centre. Il y avait çà et là de jolis petits coins, de la pelouse pour buller ou discutailler, des buissons pour conter fleurette aux filles conquises de fraîche date. *Que reste-t-il de tout cela, dites-le moi ?* comme le chante Charles Trénet. Aujourd'hui, on a escamoté le jardin pour en faire un parking. Et mes copains, David, le fils du directeur de l'école, et puis les autres, Morad, Michel, Magid, Ahmed, Bibi, Thierry. Où êtes-vous passés, les gars, vous avec qui je me croyais lié pour toute la vie ? Et vous, les Martine, les Corinne, les Sylvie, que j'ai aimées de toutes les ardeurs de mon corps et de mon cœur, qu'êtes-vous devenues, en quels bras qui ne sont pas les miens ?

A. B.- *Que sont mes amis devenus*
Que j'avais de si près tenus
Et tant aimés
Ils ont été trop clairsemés
Je crois le vent les a ôtés.
L'amour est morte.

D.L.- En tous cas, mon enfance, la patrie de mon enfance, c'étaient ces lieux bénis dont les senteurs semblent flotter encore autour de moi. Pas le reste.

A. B.- Pas l'école ?

D. L.-Eh ! non ! Pas l'école. Je n'aimais pas l'école. Pourtant, quand je vois la passion qui sur le tard m'a pris pour cette autre école qu'est la Franc-Maçonnerie, je me dis que j'aurais pu adorer la classe. Nous avions de si bons maîtres, si désireux de nous élever l'esprit. Mais, pour moi, l'école, c'était l'antichambre de cette vie de labeur qui avait écrasé mon père. Je n'en voulais pas. A aucun prix.

A. B.- Quand je vois la passion d'apprendre qui t'anime aujourd'hui, j'ai du mal à comprendre que tu n'aies pas prêté l'oreille, au moins de temps en temps, à l'enseignement de cet instituteur.

D. L.- Eh bien, la chose va te sembler curieuse, mais l'enseignement que nous recevions était si intéressant qu'il a dû forcer la muraille de mes songeries. Comment expliquer autrement que je me souvienne aujourd'hui de choses que je n'ai pu apprendre qu' à l'école ? Je sais lire, écrire, compter, je connais ce livre des petits métiers d'autrefois intitulé *Le tour de France de deux enfants,* je me souviens de nos ancêtres les Gaulois, de la date de la bataille d'Azincourt, des affluents du Rhône. Un petit Arabe, rétif à l'étude tel que moi, n'aurait jamais prêté l'oreille à toutes ces informations si elles ne lui avaient semblé passionnantes.

Non seulement je me souviens de toutes ces choses, mais encore je les aime. Même à l'âge que j'ai, il me plaît toujours de les réciter et, lorsque j'ai fini, d'entendre encore la voix d'un de mes maîtres qui dit : *« - C'est bon, pour une fois tu ne t'es pas trompé. »*

Bref, je veux dire que, n'avait été l'esclavage du père, je crois bien que je l'aurais aimé, l'école, comme tous les lieux où l'on apprend.

Et puis, tu sais, je suis quelqu'un qui a besoin de se retrouver sur des rails, d'être encadré. Mon père dans la famille, à la boxe mon entraîneur, en Franc-Maçonnerie mon instructeur, etc. je les ai vénérés, adorés, pour des raisons de cœur, bien entendu, mais aussi parce qu'ils m'encadraient, me faisaient savoir quoi faire de ma peau, vers quoi me diriger. Si je n'étais devenu boxeur, je crois bien que je serais entré dans l'armée. Alors, l'école, j'aurais eu toutes les raisons de l'aimer, n'avait été la crainte qu'elle me conduise à l'asservissement !

A. B.- Tiens donc ! j'aurais plutôt cru que tu étais un meneur d'hommes, un coach, comme on dit aujourd'hui...

D. L.- Pour diriger les autres, il faut sans doute avoir besoin d'être soi-même dirigé.

A. B.- C'est vrai : l'enfance d'un chef, c'est l'obéissance.

Mais venons-en à présent à tes partenaires d'enfance, à tes frères et à tes sœurs.

D. L.- Mes sœurs et frères, ça ne faisait pas beaucoup de partenaires. Quand j'avais neuf ans, Rachol, Hacène, Hocine étaient déjà des jeunes gens, ils n'étaient donc pas souvent à la maison. Fatima était une jeune fille à marier, Dalila était sur le chemin d'en devenir une. Samia n'était encore qu'un bout de chou, trop poupée en chiffon, pour que je puisse en faire une partenaire de jeu. En fait, je ne pouvais fréquenter personne d'autre que Malika.

A. B.- Pourtant, si je me souviens bien, elle aussi était plus âgée que toi ...

D. L.- Oui, mais nous étions de même taille, de même tempérament, d'un caractère pareillement malicieux. Et puis, Malika, pour moi, c'était un condensé de toute la famille, sa quintessence. En quelque manière, mon rapport avec le reste de la famille passait par elle.

A. B.- Malika, la quintessence... Mis à part le fait que son nom veut dire *Reine,* je ne suis pas sûr de comprendre ce que tu veux dire.

D. L. - Je ne suis pas sûr de me comprendre moi-même.

A. B.- Essaie toujours.

D. L.- Eh bien, de tous les fils et filles des Lifa, c'est elle qui est la plus proche du père et de la mère. Elle est leur confidente, leur intendante, leur conseil.

Mais il n'y a pas que cela. Vois-tu, quand Randal a trouvé la mort dans sa voiture, à l'arrière il y avait Malika. Du coup, elle est un peu à mes yeux ce qui a survécu de mon frère.

Malika est aussi la dernière à avoir vu Hacène avant qu'il disparaisse. Comprends-tu ? Pour la seconde fois, elle est ce qu'il reste de quelqu'un qui n'est plus. Mon frère Hocine s'est fait tatouer sur le bras l'image de notre Hacène. Moi, mon bras tatoué, c'est ma sœur Malika.

J'avais un cousin, Farès, que j'adorais comme un frère. Il s'est noyé. Eh bien, Malika se tenait sur la berge lorsque c'est arrivé. Le souvenir de ce cousin, c'est à travers les yeux de ma sœur Malika que je le retrouve dans ma tête.

Malika a perdu un enfant. Comme ma mère, elle aussi est devenue cette béance, cette blessure qui ne se referme jamais. Et comment pourrais-je ne pas me sentir pris dans cette béance ? Cet enfant qu'elle a perdu, qui est mort en moto il y a trois ans dans la fleur de l'âge, 15 ans, il s'appelait Riad, mais elle lui avait donné comme second prénom Djamel.

J'adore mes frères et sœurs. Mais pour mille raisons, c'est à Malika que je suis le plus lié. Est-ce que je pourrais rester un seul jour sans lui téléphoner ? Je ne sais pas, je n'ai jamais essayé.

Et puis, sans elle, je n'aurais jamais enfilé de gants de boxe.

A. B.- Ah ! bon, c'est elle qui t'a suggéré de... Quelle idée de la part d'une fille !

D. L. *(riant)*- Ça ne s'est pas du tout passé comme tu crois. En fait, j'avais à l'époque une façon de l'aimer très différente d'aujourd'hui. Je lui tirais les cheveux. Je la battais. Je lui courais après pour la taper. En fait, je la boxais, quoi ! On dit que qui aime bien châtie bien. Eh bien alors, ça crevait les yeux que je l'adorais, ma Malika.

A. B.- Et elle se défendait ?

D. L.- La pauvre ! J'étais un poids plume. Mais elle était encore plus légère qu'une plume. Elle poussait des cris épouvantables.

Alors, voilà, un beau jour, mon frère Hacène m'a pris par le collet et m'a hurlé : *«- Maudit sois-tu, garnement affreux ! Tu vas t'arrêter de frapper cette gamine, oui ? Pourquoi ne vas-tu pas faire de la boxe plutôt que de t'attaquer à une pauvre fille sans défense ? »* Et la Malika (la fourbe !) d'ironiser : *« - Ah bien, oui, de la boxe, voilà bien ce qu'il faudrait à ce Monsieur ! Mais ça, c'est moins facile que de prendre une pauvre fille comme souffre-douleur ! Je vous parie qu'il n'osera jamais ! »*

De cesser de m'en prendre à Malika, ça a été très, très dur. Mais depuis ce jour-là, j'ai commencé à me dire : *« - Tiens ! c'est vrai, ça, pourquoi n'irais-je pas faire le boxeur au lieu de jouer au foot comme le tout commun des mortels ? »*

II

Les premiers rounds

André Benzimra.- Ainsi, tu te mets à la boxe pour épargner Malika ?

Djamel Lifa.- Tout juste. Je m'inscris donc au club de Villeneuve, à 7 kilomètres d'Oraison, le seul endroit de la région où l'on pouvait pratiquer des sports de combat. Les rencontres avaient lieu dans un petit immeuble de deux niveaux. On y rencontrait des jeunes venus de tous les alentours, de Manosque surtout, la capitale régionale. A l'époque où je m'y suis inscrit, Hacène, Hocine et leurs amis venaient déjà s'y exercer. Au rez-de-chaussée se tenait le club de judo. Au-dessus, pendant la journée, fonctionnait le club de boxe, dans un appartement aménagé après vingt heures en salle de danse. Assisté de son fils, M. Gaëtan Vitobello assurait les fonctions d'entraîneur. C'était un homme bâti en force, un peu rude, mais à la manière des personnages de Pagnol qui, on le sait, dans le fond sont des tendres. Il me plut tout de suite parce qu'il avait l'air d'un père et que moi, j'ai une mentalité de fils.

Ce qui m'a beaucoup moins plu, dès la première fois où j'ai mis les pieds à Villeneuve, c'étaient les gars à qui j'allais être confronté. De redoutables armoires à glace, tous plus grands, plus forts et plus âgés que moi.

Pauvre Djamel ! Comme il souffrait de la comparaison ! Lui, à peine neuf ans, chétif comme un chat de gouttière, ridicule comme Charlot boxeur avec le débardeur coupé dans une veste de pyjama que m'avait prêtée David et EUX ! le style, la classe, le muscle. La classe de province, bien entendu : plus de gesticulation que de savoir-faire, de forfanterie que de réelle maîtrise de soi. Mais qu'est-ce que je connaissais d'autre à l'époque ? Bref, je m'imaginais déjà en K.O. technique à la première caresse.

Mais bon, j'appartenais à la descendance de Sadok Lifa, l'homme qui avait produit une théorie philosophique selon laquelle la peur, ça n'existe pas. Par conséquent, passé le premier moment d'émoi, je me dis : *« Bon. Il faut se bagarrer ? Eh bien, on va se bagarrer. »* Je me redressai, serrai les dents, contemplai d'un œil mauvais mes futurs adversaires. La tête en feu, je me prenais à imaginer le combat qui allait m'opposer à eux. Je les affrontais tous ensemble. C'était une sarabande : je te cueillais celui-ci au menton, pirouettais, envoyais une balourde au foie de celui-là, d'une pichenette balançais en l'air ce troisième. Ah ! ils n'en menaient pas large, les champions de Villeneuve… Dans ma tête ! Hélas, seulement dans ma pauvre petite tête !

A. B.- Je devine tout de même que, comme Charlot à son premier combat, tu as étendu raide ton premier adversaire.

D. L.- Quel combat ? Il n'y a pas eu de combat.

A. B.- Quoi ? tu t'es retrouvé K.O. tout de suite ?

D. L.- Mais non. Il n'y a pas eu de combat du tout. Un entraînement en salle, ça n'est pas ce qu'on croit. Tu ne te bats contre personne, pas même contre un sac de sable. D'ailleurs, à l'époque, il n'y avait pas de sac de sable à Villeneuve. Equipement succinct. Economie.

A. B. - On ne t'a tout de même pas inscrit dans un club de boxe pour jouer à la poupée comme une fillette.

D. L.- Eh bien, les fillettes, ça saute à la corde. C'est justement ce qu'on m'a fait faire ce jour-là. *« -Saute, petit, saute,* me disait M. Vitobello, *ça s'appelle l'échauffement. »* Les fois suivantes, on allait s'échauffer à la course. C'était un peu plus viril, mais pas beaucoup plus gratifiant.

A. B.- Très bien. Mais, en règle générale, l'échauffement, c'est ce qui précède les choses sérieuses. Si on t'échauffe pour rien, c'est comme quand on te sert l'apéritif pour te faire boire un café ensuite.

D. L. - C'est sûr.

A. B.- Donc, après t'avoir échauffé pendant plusieurs séances, on a fini par te mettre en face du tueur. Non ?

D. L.- Ouiche, il était beau le tueur.

A. B.- Qui était-ce ?

D. L.- Le tueur, c'était Djamel Lifa. On m'a flanqué devant un miroir et vas-y, Fanfan la Tulipe, bats-toi courageusement contre rien du tout. C'est l'exercice qu'on appelle le *shadow boxing, la boxe contre l'ombre.* Tu tapes dans le vide et ton adversaire, ton autre toi-même, tape également dans le vide. Grandeur et décadence d'un dérisoire petit boxeur d'Oraison.

A. B.- Tu n'as pas raison, Djamel, de dire des choses pareilles.

D. L.- C'est pourtant la vérité, non ?

A. L.- Pas du tout. Je trouve au contraire admirable que tu aies commencé ta carrière de boxeur comme tu as commencé ta carrière de Franc-Maçon.

D. L.- Que veux-tu dire ?

A. B.- Lors de ton initiation, c'est-à-dire de ta réception en Loge maçonnique, on t'a demandé : *« -Si, dans l'assemblée, vous voyez l'un de vos ennemis, êtes-vous prêt à vous réconcilier avec lui, après une explication franche et loyale ? »* Et quand tu as répondu : « -*Oui »*, on t'a signalé que tes plus grands ennemis ne sont pas toujours en face de toi. On t'a alors demandé de te retourner et, là, tu es tombé nez à nez avec ton image dans un miroir. Façon de te faire comprendre que ton plus grand ennemi, c'est toi-même parce que tu as à vaincre tes mauvaises passions et que là se situe le plus important des combats que tu auras à mener au cours de ta vie.

Eh bien, je trouve tout simplement admirable que ta vie de boxeur ait commencé de la même façon que ton chemin initiatique de Franc-Maçon.

D. L.- Mais, justement, la boxe, c'est un peu une initiation. Tu y encaisses autant de leçons que de coups. Ce que tu viens de dire m'enchante.

A. B.- Il y a tout de même une différence entre boxe et Franc-maçonnerie. En boxe, tu commences en te battant contre toi-même et ce n'est pas un vrai combat, seulement un simulacre.

Dans les initiations, le combat contre soi-même est le dernier et le plus vrai et le plus important. En islam, par exemple, on trouve la notion de *djihad.* Le petit *djihad,* c'est la lutte contre l'ennemi extérieur ; le grand *Djihad, la grande Guerre sainte,* c'est le combat contre soi-même, l'ennemi le plus redoutable.

D. L.- J'ai trouvé formidable qu'en Franc-Maçonnerie on m'ait désigné, moi, comme mon principal ennemi. En revanche, à Villeneuve, le *shadow boxing,* ça m'a ennuyé, humilié surtout, comme si on m'avait jugé indigne de rencontrer un adversaire réel. J'étais déçu, tu ne peux pas savoir… Au bout de quelques semaines de lutte acharnée contre personne, j'étais décidé à jeter l'éponge, à ne plus retourner au club des champions fantômes, et je l'aurais fait si Hacène ne m'avait incité à persévérer. Hacène, et puis aussi Malika, à qui ça ne disait rien de reprendre ses fonctions de punching-ball intérimaire.

A. B.- Donc tu demeures sous la houlette de M. Vitobello.

D. L.- Et là, peu à peu, je prends goût à la chose. Mon entraîneur commence à m'enseigner les bases du métier : les déplacements, les sautillements, la garde. Et, puis, merveille, les cotisations des nouveaux adhérents ont permis au club de faire l'acquisition d'un sac de sable en faux cuir véritable. C'est déjà un adversaire plus sérieux que le miroir. Je me déchaîne contre le pauvre sac. Je deviens champion de Villeneuve catégorie sable. Que des victoires.

J'accroche, j'accroche.

J'accroche d'autant plus qu'au village j'acquiers une petite célébrité auprès des amis et connaissances. De gringalet insignifiant, je deviens « *le gars qui fait de la boxe* ». Au milieu du tout-venant des footballeurs, moi, le boxeur, je gagne en assurance. Je parade. Les filles commencement à poser les yeux sur moi comme s'il y avait quelque chose à voir. Et moi, je me propose à les défendre si jamais quelqu'un vient à les embêter. Qu'on se le dise : un champion vient de naître. Désormais, il faudra faire avec.

A. B.- Bon, mais les vrais combats, ça a commencé quand ?

D. L.- D'abord, que je te dise : dans le jargon du métier, on ne parle pas de *combat* avant qu'on ait accédé au titre d'amateur. Pour les petites choses qu'on pratique dans ces premiers balbutiements de boxe, on parle d'*assauts*[3].

Avant d'envisager un assaut, six mois d'initiation au moins étaient exigés. Puis, M. Vitobello n'était guère pressé de me faire monter sur un ring. *« - Je préfère garder mes poulains à l'écurie plutôt que de les envoyer à l'abattoir »,* disait-il. Tu comprends, je pesais 37 kilos tout compris. Autour de moi, les plus petites pointures descendaient tout au plus à 42. *« -Reste, reste au chaud,* disait encore mon maître, *la moindre brise pourrait te renverser. »* Et moi de me lamenter de n'être qu'un roseau qui certes ne rompt jamais, mais plie toujours.

Mais, bon, voilà qu'un beau jour le club organise un gala de boxe à Oraison. Les gringalets ne manquent pas au village. M. Vitobello a bon espoir qu'il se présentera un adversaire aussi fluet que moi. Le jour du gala, excité comme un moustique, j'enfile ma veste de pyjama sans manches, mon caleçon maquillé en short et mes gants recousus de partout. Hélas ! en fin de compte, le chétif attendu ne se présentera pas. Et, de nouveau, mon premier « combat » est renvoyé aux prochaines calendes.

Mon premier assaut à Oraison ne surviendra que quelques mois plus tard contre un gars de Salon-de-Provence, un dénommé Déléria, de sinistre mémoire (il hante encore mes cauchemars, je te dirai plus tard pourquoi). Sonne enfin le coup de gong tant attendu. Mais, une fois de plus, la déception est au rendez-vous : on savait déjà que ce ne serait pas un combat. Mais pour le coup, c'est à peine un mini-assaut. En tout, 3 reprises de 1 minute chacune. Tu ne vois rien du tout, tu ne sais même pas combien de coups tu as portés, combien de coups tu as reçus. Avant que tu aies eu le temps de comprendre ce qui s'est passé, l'arbitre vient prendre (au hasard, dirait-on) une des

---

3 A la différence des combats officiels, les « assauts » sont de simples exercices d'opposition.

quatre mains qui ont combattu, la soulève, la brandit et désigne ainsi le vainqueur.

Ce n'est pas moi : deuxième déception de la journée. Terrible, celle-là.

Je pleure, je sanglote.

A la maison, c'est à peine si on s'avise que je viens d'essuyer un échec cuisant. Mon père (entre deux cuillerées de soupe) : *« - Tu n'as pas gagné ? Ah bon… »* Ma mère (qui est favorable à ce qu'on n'abîme pas son fils) : *« -Tant mieux ! Comme ça, tu n'y retourneras pas. »* Seule Malika attache quelque importance à l'événement, à en juger par l'imperceptible sourire qui flotte autour de ses lèvres lorsqu'on ne la regarde pas. Ah ! la traîtresse !

A. B.- Ah là là ! *« Perfidie, ton nom est femme ! »* (Shakespeare, *Hamlet,* Acte II, Scène II).

D. L.- Ce Shakespeare, je ne le connais pas. Mais il a dit là une grande vérité. Répète, que je note dans mon calepin…

A. B.- Tu persévères néanmoins. Tu n'es pas homme à te décourager si vite.

D. L.- Evidemment que je persévère. Je veux ma revanche. Sur Déléria, bien sûr, que les anges accusateurs ne lui laissent aucun répit ! Mais aussi sur Malika, que le grand Satan noir lui tire les oreilles jusqu'au sang !

A. B.- Dis donc, je te trouve bien mauvais joueur. Un sportif ne doit pas avoir d'amertume, et encore moins de rancune contre un adversaire.

D. L.- Mais je plaisante. Je le respecte, moi, Déléria. Je te rapporte seulement mes sentiments de l'époque. Et, même en ce temps-là, malgré la raclée qu'il m'avait infligée, au fond de moi, je l'admirais. Il avait le style, l'élégance, le jeu de jambes, l'efficacité, tout ce que j'aurais aimé avoir. Et si, par la suite, il est tombé dans l'oubli, ce n'est pas faute de talent, c'est faute d'avoir bénéficié de tous les vents favorables qui ont poussé mon petit navire à moi.

Mais pour l'heure, je ne nourris pas encore des sentiments aussi généreux. Donc, je rebats les oreilles de M. Vitobello pour qu'il me procure l'occasion d'une revanche. Et c'est ce que j'obtiens. Rencontre à Salon-de-Provence.

A. B.- Et là ?

D. L.- Et là, deuxième défaite. M. Vitobello me console, me persuade qu'il faut en passer par là pour procéder à l'autocritique nécessaire et épurer son style. Il m'assure également que tous les grands boxeurs ont rencontré un jour ou l'autre un adversaire qu'ils ne pouvaient pas battre, absolument pas, quelles que soient les conditions du combat, et même s'ils étaient capables de triompher d'adversaires plus forts que celui-là. C'est ainsi. Même Marcel Cerdan, le dieu du ring, est tombé un jour sur un La Motta qui n'était pas plus puissant que lui, mais qu'il ***ne pouvait pas*** battre. S'il avait dû combattre ce La Motta-là au tout début de sa carrière, allez savoir si, de découragement, le petit Marcel n'aurait pas renoncé à la boxe et alors, adieu le grand Cerdan ! Qui aurait jamais su qu'un champion du monde en puissance était un jour passé sur un petit ring de l'arrière-pays marocain ?

A. B.- C'est une loi générale. La plus belle fille du monde finit toujours par trouver plus belle qu'elle : exemple la Reine dans l'histoire de Blanche-Neige. Flaubert forme le jeune Maupassant au métier des lettres et celui-ci finit par dépasser l'auteur de *Madame Bovary* en écrivant *Pierre et Jean.* Tel est, du moins, mon avis. Giscard d'Estaing rencontre sur sa route un Chirac qui l'élimine et Chirac un Sarkozy qui lui dame le pion. L'Univers entier est agencé pour dispenser des leçons de modestie. Celui qui l'emporte sur tous les autres hommes, c'est celui qui ne se croit supérieur à personne.

D. L.- Très juste, Monsieur le Professeur. Donc, M. Vitobello m'entraîne à Miramas, à 80 kilomètres d'Oraison, dans un centre de boxe éducative pour les moins de 13 ans où l'on se bat, mais avec interdiction de porter des coups.

A. B.- Voilà un exemple que les bellicistes de tous bords feraient bien de suivre. Des corps à corps sans coups et des feux nourris de balles à blanc.

D. L.- De plus en plus juste, Monsieur le Professeur. Or, arrivé à Miramas, M. Vitobello se met en quête de quelqu'un à qui l'on pourrait m'opposer. Hélas ! il n' y a personne de mon poids, 37 kilos 500. Personne, excepté… excepté…

A. B.- Excepté Déléria !

D. L.- Que toutes les marmites bouillantes des Enfers se déversent dans sa baignoire ! Non, mais je te demande un peu : si ce n'est pas le bon Dieu qui me met à l'épreuve, alors que signifient ces coïncidences ? Donc, une fois de plus, je mords la poussière. Pour comble d'ironie, on me donne une grosse médaille de pacotille pour récompenser mon courage.

La coupe est pleine. Je ne veux plus entendre parler de la boxe en général ni de ce Déléria en particulier. J'en veux à mon entraîneur de m'avoir encouragé à pratiquer un sport pour lequel je ne suis pas doué.

Pendant un an et demi, j'arrête les frais. Je me remets au foot comme tout le monde.

Pourtant, de temps à autre, ce bon M. Vitobello passe à la maison, à la grande inquiétude de ma mère qui craint toujours de me voir repris par le démon du ring. Gaëtan me met la main sur l'épaule : *« Il faut en voir d'autres,* plaide-t-il, *il faut en voir d'autres. Ce n'est pas un métier qui entre facilement. Moi, je crois en Djamel. »*

Puisque M. Vitobello croit en moi, je me laisse entraîner à Marseille, au stade Vélodrome où habituellement on joue au foot. Cette fois, c'est la chance : pas de Déléria en vue ; je vais rencontrer un gars de Miramas qui n'a ni plus de poids ni plus de métier que moi.

Entre deux coups d'éponge, Gaëtan Vitobello me prodigue ses conseils, me redit, main sur le cœur, combien il croit en moi. Coup de gong. Eh bien, le gars de Miramas, lui, ne croyait pas du tout en moi. Une fois de plus, je suis battu.

A. B.- C'est vrai que ça commence à faire beaucoup.

D. L.- Je persévère pourtant, non pas que j'aie la foi, mais parce que mon frère Hacène continue de boxer, lui, qu'il vient de connaître sa première défaite (dans une salle de Cabriès-

Calas) et que je rêve de le venger. En outre, on a eu ensemble deux accidents de voiture – la spécialité de la famille – deux accidents, coup sur coup, en l'espace d'une heure de temps, et pour moi, continuer la boxe, c'est resserrer les liens avec mon frère, partager avec lui la même activité, même si elle n'a rien de joyeux pour ma personne. C'est aussi une façon de célébrer la vie en lui offrant quelques petits sacrifices.

Je fais donc des galas ici ou là, récolte encore deux autres échecs. Contre qui ? Je ne m'en souviens même plus. C'est la routine de l'échec. Je veux bien devenir le boxeur le plus battu du monde puisque la mort nous a épargnés, mon frère et moi. Et puis, il y a mon père qui commence à enrager à l'encontre de ce sport dans lequel son fils perd tous ses matchs. Il clame : *« Un homme ne déserte jamais le lieu de ses échecs, surtout si c'est un Lifa. Tu laisses parler ta mère et tu retournes sur le ring. »* Et puis, il y a Malika qui se marre : *« Ouais ! champion du monde ! Catégorie fillette ! »*

Cette Malika ! Ah ! c'est la terrible des terribles ! Pour me narguer, elle fait la belle en ma présence devant les garçons du voisinage. Un comportement qu'un frère digne de ce nom ne saurait tolérer. Et je suis pris au piège puisque je ne peux pas la taper !

Ne te méprends pas : c'est une fille foncièrement honnête, Malika, vertueuse, pudique. Et les garçons devant qui elle fait la belle ne sont pas dupes de sa comédie. Mais ces apparences de dévergondage me jettent dans le comble de l'humiliation. Pour moi, c'est le déshonneur, l'opprobre !

Ah ! si j'avais su ! J'aurais vécu en bonne entente avec Malika. Mon frère ne m'aurait pas orienté vers la boxe. Je n'aurais pas essuyé tous ces échecs. Je ne serais pas devenu la risée des copains (parce que ça aussi… hélas !). Ma sœur ne me ferait pas honte comme c'est le cas aujourd'hui, en faisant la belle devant les garçons. Dieu du Ciel clément et miséricordieux, comment échapper à ce piège affreux où je suis allé m'enferrer ?

Mon cher André, je ne voyais qu'une seule porte de sortie. Il fallait que je remonte sur le ring et m'imposer. A ce prix-là seulement, je pourrais redresser la tête, gagner l'estime de mon père et serrer la vis à Malika.

Tu ne peux imaginer le travail de préparation acharné auquel je me suis livré pour affronter à Aix-en-Provence un certain gars de la Ciotat… un prénommé… Ecoute, je ne me souviens pas de son nom. J'étais tellement obnubilé par l'envie de l'emporter contre un adversaire quel qu'il soit que je n'ai pas retenu son nom.

Ce sixième « assaut » pour moi, c'était pour moi l'instant de vérité. Je n'avais pas le droit de perdre. Pas le droit, pas le droit, pas le droit. C'est bien simple, pas le droit. Le seul parti qui me restait : monter sur le ring, foncer tête baissée, ne faire qu'une bouchée de mon opposant, être déclaré vainqueur…

A. B.- Bien, et à la fin de l'assaut, en quel état as-tu laissé le gars de la Ciotat ?

D. L.- Il se porte comme un charme et moi, je suis battu. Pour moi, c'est le dernier échec. Cette fois, avec le gong final, l'heure de raccrocher les gants a vraiment sonné.

C'est fini, je resterai à jamais le petit roquet du village, celui qui aboie plus fort qu'il ne mord. Celui qui s'imaginait qu'il était un boxeur. Celui que sa sœur tourne en dérision. Celui qui a déçu son père. Celui qui n'est même pas assez courageux pour envisager une vie de travail comme celle du respectable M. Sadock Lifa. Celui qui n'a plus d'amis, mais seulement des camarades. Dieu (s'il existe) me pardonne, je ne serai pas un dieu du ring, je ne suis qu'un être humain, quelque chose de tout proche de la nullité.

III

La traversée du Chaos

André Benzimra.- Donc, voici le jour où tu dois raccrocher tes gants. Qu'advient-il alors de toi ?

Djamel Lifa. *(songeur)* – Je venais de souffrir d'une maladie d'orgueil. Je peux bien dire qu'elle fut soignée avec un remède de cheval. Cependant, la convalescence se faisait attendre. J'entre alors dans une période de confusion. Je ne sais plus qui je suis, ce que je vais faire de moi. J'ai perdu mes repères, mes modèles, tout. Dans ma tête, c'est le chaos.

A. B.- Oui, mais une devise maçonnique dit : *Ordo ab Chao, l'Ordre à partir du Chaos.*

D. L.- Comment l'interprètes-tu ?

A. B.- Comme ceci, peut-être : il faut souvent traverser le Chaos pour parvenir à bâtir un ordre nouveau ; il est nécessaire de passer par la confusion de la nuit pour parvenir au grand jour. Le symbolisme maçonnique s'entend à merveille à accompagner ces mutations difficiles qu'il nous incombe d'accomplir lors de certains tournants de notre existence. C'est pourquoi, au tout début de ton initiation maçonnique, on t'a fait descendre en un lieu obscur et confus, semblable à un tombeau en somme, et là, on t'a abandonné comme une charogne destinée au pourrissement en attendant que l'heure soit venue pour toi de remonter vers la lumière et d'accomplir ta renaissance.

Raconte-moi quels efforts tu as déployés pour sortir de ton chaos.

D. L.- Eh bien, à l'école j'ai commencé à faire de réels efforts. Dans un premier temps, c'était pour m'occuper l'esprit, pour oublier mon chagrin. Et puis, au bout de quelques semaines, j'ai réellement pris goût à l'étude. Je me suis tellement accroché que j'ai réussi à entrer en 6e, au collège Itard.

A. B.- Ah ! ah ! Le collège Itard ! J'aime bien cette sorte de métaphores que la poésie du hasard se plaît parfois à façonner. Voilà que le sort s'avise de te comparer à Victor de l'Aveyron.

D. L.- Veux-tu bien m'expliquer de quoi tu parles ?

A. B.- Itard était un médecin du XIXe siècle resté célèbre pour s'être occupé d'un enfant sauvage qui à l'époque avait été découvert dans une forêt de l'Aveyron.

D. L.- Un enfant sauvage ?

A. B.- Un de ces enfants qui ont grandi loin de toute société humaine et ont été élevés par des bêtes. Itard a essayé d'éduquer ce Victor. Et puis, quelque cent ans plus tard, voici que ce médecin, devenu un collège, prend en charge un second petit sauvage, Djamel Lifa.

Mais, achève de me raconter comment tu es sorti du Chaos. Donc tu travailles bien, tu es en bonne voie de devenir un bon petit garçon bien sage.

D. L.- Oh là là ! Pour ce qui est de la sagesse, je suis encore loin du compte ! Et je ne suis pas prêt de sortir du Chaos. Au Collège, il va se passer des choses pas très catholiques, ni casher ni hallal. Ça va être le retour en force des mauvais instincts. C'est que, à Itard, je vais me retrouver avec Malika comme condisciple.

A. B.- Les hostilités vont donc reprendre de plus belle entre elle et toi, c'est bien cela ?

D. L.- Tout à fait. De me retrouver dans le même établissement qu'elle ravive le souvenir des humiliations qu'elle m'a fait subir. Je cherche un moyen de me venger.

A. B.- Et tu vas trouver, je te fais confiance.

D. L.- Malika a deux ans de plus que moi. Au point de vue scolaire, c'est une cossarde invétérée. Pendant que mes autres sœurs travaillent avec acharnement (plus tard, Fatima deviendra conseillère financière, Dalila infirmière libérale et la dernière, Samia, médecin anesthésiste), font le maximum pour échapper au sort de simple femme au foyer, Malika, elle, se la coule douce. Résultat : sa scolarité est en retard d'un an et elle est encore en 5e quand moi, j'entre en 6e.

Eh bien, ma décision est prise : je vais la rattraper. Et non seulement je la rattraperai, mais en plus je la dépasserai dans toutes les matières sans exception. Le supplice du classement !

Or, de son côté, Malika s'inquiète de me voir bosser. Elle a très bien compris mes visées. Elle se sent talonnée. Elle n'a pas le choix. Contre toutes les exigences de sa nature paresseuse, elle se jette à son tour dans le travail. Fait des pieds et des mains pour maintenir entre nous la distance d'une classe.

Les parents, eux, sont ravis de voir la rivalité de leurs enfants tourner en émulation. Ils vont malicieusement jeter de l'huile sur le feu. Maman Hafsia incite sa fille à garder à toute force son avance sur Djamel cependant que papa Sadock incite son fils à rattraper Malika. Et en avant ! c'est à qui, du frère ou de la sœur, coiffera l'autre au poteau. Les parents quant à eux se marrent en douce dans la cuisine.

En fin de compte, Malika n'a pu combler son retard. Elle redouble ; je la rejoins en 5e et, comble d'humiliation pour elle, je tombe dans sa classe.

A. B.- Eh bien, Djamel, tu vas m'épargner, s'il te plaît, le détail de tes cruautés à l'égard de ta sœur… Je ne suis pas boxeur, mais je répugne néanmoins aux triomphes faciles.

D. L.- Mais il n'y a pas eu de cruautés du tout.

A. B.- Comment cela ?

D. L.- C'est comme je te le dis. Vois-tu, il est curieux de constater avec quelle facilité tournent les désirs dès que changent les situations. En arrivant en 5e, je ne me suis plus du tout senti le désir de martyriser ma sœur.

A. B.- Que voilà une belle réaction ! Un cœur vaillant et noble ne néglige rien pour battre son adversaire. Mais une fois sa victoire obtenue, il ne s'acharne pas contre le vaincu. C'est une des règles de la chevalerie.

D. L.- Oui, je reconnais bien là cette sorte de préceptes qu'on enseigne dans les sports de combat. Malheureusement, les motifs de ma réconciliation avec ma sœur n'étaient pas aussi purs que tu l'imagines. En fait, c'était une entente de larrons en foire.

A. B.- Comment s'est passée la réconciliation avec elle ? Qui a fait les premiers pas ?

D. L.- Pas moi. Et, elle, non plus, pas vraiment. Dès que je suis arrivé dans sa classe, elle m'a sauté au cou, comme si notre affection avait toujours été un long fleuve tranquille. Elle était ravie, sincèrement, de m'accueillir. Elle s'était battue comme une chiffonnière pour m'empêcher de parvenir au même niveau scolaire qu'elle. Mais, à présent qu'elle avait perdu, toute cette rivalité ancienne était effacée, oubliée, ensevelie au cimetière des enfantillages. Comme ça, sans transition.

Voilà ce que c'était que Malika : une adversaire redoutable mais douée d'une étonnante aptitude à enterrer la hache de guerre.

A. B.- Eh bien, je dirai qu'elle a inventé une nouvelle vertu chevaleresque : celle de ne pas en vouloir à son vainqueur.

D. L.- Il ne faut pas l'idéaliser, non plus. En fait, elle était très isolée au collège Itard en général et dans sa classe en particulier. La 5e B, c'étaient bosseurs, fayots et compagnie. Elle, c'était la nulle et aussi celle qui répond, qui tient tête. En conséquence, élèves et professeurs avaient passé un contrat tacite pour la mettre en quarantaine.

Mon arrivée représentait pour elle l'espoir de sortir de son isolement. Or, il fallait d'urgence empêcher à tout prix que j'aille rejoindre le clan des élèves studieux. Elle s'est donc lancée dans un travail de sape pour me persuader qu'un bon élève est un esclave et que la dignité humaine consiste à envoyer « *les cahiers au feu, la maîtresse au milieu* ».

Nous voilà donc réorientés, elle et moi, vers le Collège buissonnier, section séchage de cours en commun.

J'avais connu le Chaos. Cette fois, j'étais tombé sur son organisatrice !

Misère ! J'étais si bien parti pour devenir, que sais-je ? instituteur, médecin, vétérinaire ou avocat. Et voilà-t-il pas que je me retrouvais inscrit à l'Université de la fumisterie ?

Soyons franc : sur l'instant, malgré ma mauvaise conscience, je ne me plaignais pas trop. La douceur du jardin municipal où nous faisions la causette avec le ban et l'arrière-ban de tous les carotteurs des alentours, les échappées dans les bois environnants à la recherche de fraises ou de papillons, les courses avec les lapins agiles, les siestes avec les tortues somnolentes, ah ! Dieu, quelles bonnes vacances perpétuelles, hélas trop fugitives ! avons-nous vécues là.

Evidemment, les bulletins de notes étaient de trimestre en trimestre de plus en plus désastreux. Et mon angoisse allait croissant au fur et à mesure qu'avançait l'année. Mais l'intrépide Malika tirait gloire de ces bulletins comme de lettres de noblesse décernées à une héroïne de la liberté. Plus ils étaient catastrophiques, plus ça la mettait en joie.

A. B.- Les parents, eux, ne devaient pas être à la fête ?

D. L.- Quand les bulletins arrivaient à la maison, *« - Que disent-ils ? »* demandaient mes pauvres parents qui à l'époque ne savaient ni lire ni écrire.

« - Ils disent, répondait Malika, *que les professeurs sont bien contents de nous, surtout de moi. »*

« - Entends-tu, me gourmandait mon père. *Ta sœur travaille mieux que toi. Pourquoi ne prends-tu pas exemple sur elle ? »*

Généreuse, Malika se payait le luxe de prendre ma défense :

« - Non, mais ce qu'il fait n'est pas mal, non plus, n'allez pas croire. Encore un petit effort et il rattrapera peut-être mon niveau. »

Les avertissements des professeurs, les convocations du directeur pleuvaient dans la boîte à lettres familiale.

« - Qu'est-ce que toute cette paperasse que nous envoie le Collège ? » s'inquiétait tout de même mon père.

« - Ce sont des félicitations », rétorquait Malika.

« - Comme ils sont consciencieux, tout de même, ces professeurs, de vous suivre comme ils font ! » s'exclamait ma mère qui, à notre grand effroi, se promettait d'aller un de ces jours remercier chaudement le personnel enseignant du collège Itard.

Et nous coulions, nos parents et nous, des jours heureux en attendant qu'éclatent les vérités de fin d'année.

Il arrivait pourtant que Malika ou moi surprenne certain dialogue dans la cuisine :

« - Dis donc, Hafsia, tu ne crois pas que les enfants sont en train de nous rouler dans la farine avec toutes ces prétendues félicitations ? »

Ma brave mère soupirait :

« - Ah là là ! toi et tes soupçons ! »

Et de la sorte, Malika et moi, nous avons vécu presque toute cette année de 5e avec un gros capital d'estime de la part de nos parents.

Une nuit, pourtant, je me suis réveillé vers trois heures du matin et j'ai aperçu une petite lumière qui provenait de la cuisine. Intrigué, je m'avance à pas de loup, scrute les lieux. Mon père était assis devant la table, méditatif. Cela ne lui ressemblait pas de veiller jusqu'à des heures aussi avancées. D'ordinaire, éreinté par sa journée de travail, il se jetait au lit dès la fin du souper et ne se réveillait plus avant que les anges matinaux du travail n'aient sonné de leur tocsin.

« - Mais papa, que fais-tu là, à une heure pareille, au lieu de te reposer ? »

« - Rien, mais rien... », répond-il d'un air gêné, en escamotant vivement une feuille de papier.

Or, j'ai bien vu de quoi il retournait. Ce papier était tout simplement mon bulletin trimestriel. Ce document énigmatique avait rendu mon pauvre père insomniaque et il s'était arraché à sa couche pour venir le scruter dans la cuisine, sous cette faible lumière qui n'éclairait rien du tout. Et je voyais bien qu'il avait un doute et s'en voulait d'avoir ce doute.

Il a posé une main amicale sur mon épaule.

« - C'est bien, mon fils, c'est bien. Je suis content que vous vous appliquiez à l'école, ta sœur et toi. »

Cette confiance dont il voulait me témoigner m'a traversé le ventre comme un coup de couteau. Même encore aujourd'hui, la blessure de cette arme demeure ouverte au fond de mes entrailles. C'est une chose terrible que de mentir à son père et de monter dans son estime en raison même de ce mensonge. Il y a beau temps que Sadock Lifa a pardonné cette traîtrise qui fut la mienne ; peut-être même l'a-t-il complètement oubliée. Au cours des années qui ont suivi ma mauvaise action, il lui est arrivé plusieurs fois de me bénir pour ce que j'ai pu faire de bien dans ma vie. Mais moi, je sais que je lui ai causé un tort que rien, jamais, ne pourra racheter. J'ai menti à mon père, j'ai tourné en dérision la défaillance de ses pauvres yeux qui ne savaient pas lire. C'est comme se moquer de la cécité d'un aveugle. Dieu (s'il existe) ait pitié de moi car moi, je ne parviens pas à surmonter l'écoeurement que m'inspire le mensonge que j'ai fait ce jour-là !

Chaque fois que je repense à cette scène dans la cuisine, je replonge dans le Chaos et me retrouve en Enfer.

A. B.- Et Malika, éprouve-t-elle même repentir ?

D. L.- Bien sûr. Elle est faite de la même pâte qui se pétrit à la boulangerie Lifa. Malgré ses airs délurés, c'est une bonne fille.

Un jour, le directeur du Collège en personne s'est déplacé jusqu'à la maison de nos parents. Il était étonné de constater que ceux-ci ne répondaient jamais aux convocations du Collège. *« - Mais nous n'avons jamais reçu de convocation ! »* a protesté mon père. Le pot aux roses a ainsi été découvert. La honte de mes parents faisait peine à voir. On aurait dit que c'étaient eux, les mauvais élèves pris en faute. Ils n'avaient même pas le ressort nécessaire pour nous adresser le moindre reproche. L'accablement dont ils étaient frappés m'était insupportable. Et c'est à ce même moment que Malika a craqué de son côté. C'est à ce moment-là qu'elle a cessé d'être un électron libre et a commencé de devenir une adulte responsable, avec des principes. Elle allait sur ses quatorze ans. Entendons-nous : fumiste, elle le restait. Mais le mensonge, la dissimulation, la rouerie, les petits coups en douce, tout ça, c'était fini.

Cette humiliation de notre père et de notre mère devant le directeur du collège Itard, c'était plus que nous ne pouvions en supporter, Malika et moi. Il y a, pour un fils et une fille d'honnête famille, un degré d'avilissement qui reste infranchissable. Dès qu'on l'a atteint, l'horreur vous saisit et vous revenez pour toujours à de meilleurs sentiments.

A. B.- Eh bien, *Ordo ab Chao*. Pour ta sœur autant que pour toi-même, voici que l'ordre commence enfin à se mettre en place.

*

* *

André Benzimra.- Quel métier ton père exerçait-il à l'époque ?

Djamel Lifa.- Je ne m'en souviens fichtre plus du tout. Il en avait déjà tant fait, des boulots ! En ce temps-là, en France, on croisait de tous côtés des travailleurs immigrés qui s'adonnaient comme des malades à personne ne savait exactement quels travaux. Dans l'ombre, ils contribuaient à construire la France dans l'espoir d'en devenir un jour les citoyens.

Mais je me souviens qu'en ce temps-là mon père songeait déjà à monter un jour, dès que ce serait possible, une entreprise de ferraillage. Je ne sais pas d'où lui en était venue l'idée. Peut-être de ce qu'à cette époque on parlait beaucoup d'un film : *Max et les ferrailleurs*.

A. B.- Il aimait collectionner les vieux trucs, les bouts de ferraille ?

D. L.- Un ferrailleur, ce n'est pas toujours un ramasseur de ferraille ; c'est parfois – et tel allait être le cas de mon père - quelqu'un qui dresse l'armature métallique d'une route, d'un pont. Les Bouyghes viennent là-dessus couler leur prestigieux béton. A eux la gloire. Il n'empêche que si la route est droite et le pont bien accroché au-dessus du vide, c'est grâce au travail souterrain des ferrailleurs sans gloire. La ferraille, c'est un peu le symbole de l'immigré, ce travailleur invisible.

*

* *

André Benzimra.- Dans tout cela, tu ne me parles pas beaucoup de tes autres sœurs. Il n'y en a que pour Malika.

Djamel Lifa.- C'est que mes autres sœurs sont discrètes tandis que Malika fait tout pour attirer l'attention sur elle. Egalement, je serais ici tenté de te redire que Malika est la synthèse de toute la famille. D'une certaine manière, ce qu'elle est, ce qu'elle a vécu, mes autres sœurs l'ont été et l'ont vécu. Puisque tu m'interroges sur celles de mes sœurs qui ne sont pas Malika, je te raconterai l'histoire de Fatima, une histoire qui n'est pas sans évoquer Malika, sa liberté d'attitude en face des garçons et la surveillance sourcilleuse à laquelle je me suis livré pour la maintenir dans le droit de chemin. Le titre du nouveau chapitre sera donc : *Le destin de Fatima.*

A. B.- Allons-y : *Destin de Fatima.*

D. L.- Alors, elle, c'était la timide, la réservée, celle qui s'effaçait devant tout le monde, qui mettait l'intérêt des autres avant le sien. Au Collège, elle bossait éperdument, sachant que pour une petite immigrée, le salut –s'il doit y en avoir un - passe par l'école. Mais elle était trop bonne : s'il y avait à la maison une tâche ingrate que maman Hafsia n'avait pas le temps de faire, c'était pour Fatima. Mes parents ne se rendaient pas compte à quel point elle était malheureuse, asservie. Et puis un jour…

A. B.- …elle s'est révoltée ?

D. L.- Si on veut. Enfin, elle s'est mise à fréquenter un garçon. Soumise néanmoins jusque dans sa témérité, elle l'a choisi musulman pur sucre. Or, sans médire de ce pauvre garçon, il faut bien reconnaître qu'il n'était guère assorti, ni par le corps ni par l'esprit, à la belle et fine Fatima. C'est égal. Puisqu'il l'aimait éperdument, elle voulait se persuader qu'elle l'aimait bien de son côté.

Djamel n'a pas la garde de sa vertu. Il a bien trop affaire avec celle de Malika. Mais au coin d'une rue, c'est le père qui surprend les amoureux en tendre conversation. Esclandre. Le pauvre gars proteste que ses intentions sont droites, se propose à épouser. Le père se calme. On prépare le mariage. Seule Hafsia, à certains soupirs qu'elle entend, perce le secret de sa fille : « *-Tu ne l'aimes pas, n'est-ce pas ? Tu étouffais ici. On en* *demandait trop de toi dans cette maison. Alors, tu t'es rabattue sur lui. Avoue. C'est une bouée de sauvetage que tu t'es choisie là, pas un mari.* » Fatima jure que non, qu'elle a de la tendresse pour ce garçon, qu'avec le temps elle et lui finiront par faire un bon couple, comme au temps jadis où la raison tenait lieu de coup de foudre. Le mariage a lieu, au grand soulagement de mon père et des garçons de la famille : l'honneur est sauf et c'est tout ce dont une fille de bonne famille doit se délecter.

A. B.- Certes, ça ne plaisante pas beaucoup chez les musulmans avec l'honneur des filles.

D. L.- Pourtant, quelques mois plus tard, Fatima se présente à la maison, penaude, contrite. A la pensée de ce qu'elle doit avouer aux parents, elle est terrorisée. Elle finit par dire qu'elle a décidé de divorcer. *« Voyons,* s'exclame ma mère, *tu n'y penses pas ! »* Mais le père regarde son aînée d'un œil perçant, secoue la tête et finit par lâcher : *« - C'est bien, ma fille, divorce, je crois bien que tu as raison au bout du compte. »*

*

* *

Djamel Lifa.- Tu vois, André, l'homme qui dit ça, c'est quelqu'un qui, à cette époque, est en train de retrouver la foi. Et pour un croyant chez nous, l'obéissance au père est un impératif absolu. Eh bien, c'est cet homme-là qui donne raison à sa fille lorsqu'elle prend l'initiative de se séparer d'un homme irréprochable, tout simplement parce qu'il ne lui plaît pas.

Je te dis cela, André, parce que j'en ai par-dessus la tête des clichés qui courent sur le compte des Maghrébins. Ils habitent des cités. Et ces cités sont tristes à mourir et à risque par-dessus le marché. Les filles sont traitées comme des chiennes et n'ont aucune liberté. Les hommes sont des fanatiques lorsqu'ils sont croyants et l'islam est une religion qui les empêche d'évoluer.

Mais, vois-tu, cette uniformisation à coups de clichés, j'ai du mal à la supporter. Des Maghrébins, il y en a de toutes sortes, autant que de catégories d'êtres humains. Moi, Djamel Lifa, je n'ai pas habité une cité, mais un merveilleux village, où les gens d'origines différentes ont fini par s'acclimater les uns aux autres. J'ai eu une sœur, Malika, qui bravait toute autorité et une autre sœur, Fatima, qui a conquis son indépendance de femme. J'ai eu une mère qui était la douceur personnifiée. J'ai été le fils d'un homme admirable de bonté, de compréhension et qui s'est orienté vers la religion en même temps qu'il s'affranchissait de ses préjugés.

Un homme n'est pas un pied de vigne pour qu'on se croie autorisé à le juger sur le coteau au flanc duquel il a poussé.

C'est une calomnie contre sa propre humanité que de juger autrui sur sa race, sa nationalité, le peuple auquel il appartient. Car c'est se considérer soi-même comme un simple produit de ses origines.

Il faut arrêter avec ces sornettes. Un homme comme mon père n'est ni kabyle, ni algérien, ni immigré. C'est un homme, tout simplement.

*

* *

André Benzimra.- Mais revenons-en au chaos. Le directeur est venu chez toi. Les faux bons élèves sont démasqués. Qu'advient-il ensuite de ta scolarité et de celle de ta sœur ?

Djamel Lifa.- Hacène est carrossier. Père se dit qu'un jour mon frère et moi nous pourrions nous associer et acquérir un garage. Donc, puisque je ne vais plus être admis au collège, mon père insiste pour que je sois orienté vers un lycée professionnel où je pourrais apprendre le métier de carrossier. Je me retrouve ainsi au lycée Louis Martin Bret, à Manosque, où, moyennant 8 h d'atelier par semaine, j'apprends à redresser une aile, à souder, etc. Je mets tellement d'ardeur au travail qu'en fin de premier trimestre, j'obtiens les félicitations. Il faut dire que mon mauvais génie, la Malika (du latin *malicia, malice*) n'est plus auprès de moi.

Malheureusement, elle a décidé d'entrer en classe de couture. C'est ainsi qu'elle atterrit au 2e trimestre dans l'établissement que je fréquentais. Tel est mon destin : chaque fois que mon salut exigerait que je demeure à l'abri de telle personne, je retombe immanquablement sur elle. Déléria dans le domaine de la boxe, Malika dans celui de l'étude.

Ah ! cette Malika ! *(Ici, Djamel pousse un soupir déchirant).* Moi qui étais si bien parti pour devenir un carrossier modèle ! Moi que nul galopin n'aurait pu détourner du droit chemin ! Il a suffi que cette diablesse réapparaisse dans ma vie scolaire pour que toutes mes bonnes résolutions partent en débandade et que les bêtises se remettent à fleurir comme bourgeons au printemps.

Comme je lui en voudrais, à cette sale bête, si elle ne m'amusait tant !

Et, rebelote, le séchage des cours, le carrottage de la cantine (on allait faire les jeunes gens à la cafeteria !), les virées à l'Auberge de Je-me-la-coule-douce.

C'est à cette époque que je commence à ressentir les affres d'une angoisse nouvelle. Malika a bientôt quinze ans. Elle commence à devenir appétissante et elle le sait. Elle se découvre un pouvoir sur les cœurs, s'exerce à jeter le trouble dans l'âme des garçons, se délecte des rougeurs qu'elle sème sur leurs visages. Et moi, je tremble à la pensée du malheur qui menace les filles. Je tremble à la seule pensée qu'il va y avoir un bal populaire dans la région. Je ne la lâche plus d'une semelle. Je la traque vingt-quatre heures sur vingt-quatre. Sur ses talons, je cours à travers Manosque, je file à Villeneuve ou jusqu'à Tarascon, partout où sa fantaisie la conduit. Je cours comme un dératé pour assurer le sauvetage de la vertu de ma soeur. Je n'ai plus un moment à moi, je n'ai que des moments à elle. Non seulement je cours après elle, mais j'ai lâché à ses trousses une meute de copains chargés eux aussi de la surveiller. Sans qu'elle s'en doute, Malika est sous contrôle permanent. Plus surveillée que Mata-Hari, plus encadrée que l'intrigante du siècle.

L'angoisse ! Le chaos, quoi, encore lui !

A. B.- Le chaos, peut-être. Mais cette Malika, tu l'adores, c'est la sœur de ta vie. A travers toutes ces mésaventures où elle t'entraîne, tu es en train de tisser avec elle des liens très forts. Non ?

(Ici, Djamel semble ému. Il retient son souffle. Je pressens que les paroles qui vont venir seront les plus importantes de toutes celles qu'il a prononcées cet après-midi.)

*

* *

Djamel Lifa.- C'est au cours de ces années d'incertitude et de désespoir qui ont suivi mes échecs à la boxe que je découvre cette sœur jusqu'ici inconnue.

Bien sûr, elle m'a entraîné sur de mauvais chemins, a bousillé ma carrière scolaire en me communiquant son goût de l'escapade et du *farniente*. Mais combien de leçons j'ai reçues d'elle ! J'étais un *looser* plein d'amertume et de rancune et elle m'a donné l'exemple d'une personne qui sait perdre avec élégance.

Je l'avais soupçonnée d'être une fille facile et je découvrais qu'elle était en réalité vertueuse, que sa coquetterie vis-à-vis des garçons n'était pas de la légèreté, mais une espèce d'apprentissage de la vaillance. L'art de jouer avec le feu sans se brûler les ailes.

Et puis, cette façon de n'avoir jamais froid aux yeux, de braver n'importe quelle autorité, ou prétendue telle, de la désamorcer, d'en démasquer les aspects dérisoires. Son indépendance d'esprit face aux petits préjugés, aux mesquineries. Son courroux lorsque Fatima plie devant les convenances et épouse un homme qu'elle n'aime pas ; sa jubilation lorsque Fatima défend son droit à décider de son destin.

Exigeante avec les autres, Malika n'est pas tendre avec elle-même. Elle ne s'autorise aucune faiblesse, ne consent à aucun accommodement avec les principes qui sont les siens.

Bref, elle est mon tout : ma sœur (c'est comme telle que la nature me l'a donnée), mais aussi ma fille (puisqu'elle est ma protégée), ma mère (puisqu'elle m'a pétri à son image), mon démon aussi (celle qui m'entraîne loin des bons chemins, bien balisés), mais surtout… surtout ma préceptrice (mon professeur en matière de noblesse de l'âme).

Et puis, comme je te l'ai déjà expliqué, elle est pour moi le symbole du reste de la famille, comme si c'était à travers elle que passent mes liens avec mes autres sœurs, avec mes frères, avec mes parents même.

André Benzimra.- Et toi, qu'est-ce que tu es pour elle ?

D. L. – Elle ne me l'a jamais dit. Mais à son fils, Ryad, celui qu'elle a perdu, elle avait donné pour second prénom *Djamel.*

(Ici Djamel semble en proie à une étrange émotion).

Je ne sais comment te décrire ce neveu. Le mot *« ange »* est galvaudé. Et pourtant, je n'en vois pas d'autre pour caractériser Ryad. Il était tout ce que j'aurais voulu être : la pureté, la droiture, la discrétion ; il aimait à rendre service, à se dévouer.

Tu ne peux imaginer le monde qui se pressait à son enterrement. A peine le cercueil venait-il de quitter la maison que, venus de toutes les rues avoisinantes, les gens se sont mis à affluer autour de lui. Tout le collège Itard était présent, élèves et professeurs. Les commerçants. Les notables. Le maire lui-même. Des inconnus venus des environs. Des jeunes filles en grand nombre, éplorées car il était aimé des jeunes filles. Toutes les communautés s'étaient donné rendez-vous autour de sa dépouille : on aurait dit que sa mort avait aboli toutes les tensions, toutes les différences, comblé tous les fossés.

Quelle mystérieuse influence un garçon en apparence si effacé et si jeune avait-il pu exercer sur une foule aussi imposante ?

Oui, pour notre famille, quelque chose d'extraordinaire a eu lieu ce jour-là, quelque chose comme une révélation. De tous côtés on s'est mis à nous rapporter des paroles de sagesse que Ryad avait proférées, des bonnes actions qu'il avait accomplies, sans que personne chez les Lifa en ait jamais entendu parler. Des étrangers nous faisaient découvrir un Ryad inconnu de sa famille. C'était un ange, vraiment. Nous avions vécu quinze ans avec un ange que nous avions pris simplement pour l'un de nous.

Or, on dirait que les ondes bénéfiques, qui émanaient de lui lorsqu'il était encore en vie, traversent la muraille qui sépare l'outre-tombe de ce monde-ci et continuent de se déployer parmi nous aujourd'hui qu'il n'est plus là.

Cette façon qu'il avait de se montrer disponible pour autrui, j'en ai, je crois, hérité. Cette aptitude que j'ai à dépister chez l'autre une souffrance cachée, vient, me semble-t-il, de son exemple. Il m'est arrivé de me surprendre à imiter certains de ses gestes, certaines tonalités de sa voix.

Je ne puis me défendre de l'impression que son second prénom, Djamel, est comme une signature qu'il a laissée sur moi, que Ryad en personne continue de vivre en moi, que je suis son prête-corps, en quelque sorte. Tu comprendras du même coup qu'en disant que je ressens Malika comme ma mère, ce n'est pas de ma part simple façon de parler : il y a entre elle et moi une filiation… mystique - comme tu dirais -, mystérieuse – dirais-je -, mais tout à fait réelle.

Tu le sais, je ne suis pas un rêveur, encore moins un esprit religieux. Tout ce que je suis en train de te confier en ce moment, il y a beau temps que je l'aurais considéré comme vaine superstition et banni de ma pensée si…

A. B.- Si… ?

D. L.- Si certain événement itératif ne ressemblait à un message que m'adresse Ryad.

A. B.- Et la teneur de ce message ?

D. L.- C'est comme si Ryad insistait pour me faire admettre qu'il y a identité entre lui et moi. Comme s'il voulait me dissuader de chasser cette idée de mon esprit.

A. B.- Quel est donc cet événement qui se répète ?

D. L.- Il s'est produit d'abord avec ma fille Marina que Ryad adorait. A la mort de son cousin, elle a eu une énorme chagrin. Elle s'est fait remettre une photo de lui qui ne la quittait jamais et qu'elle contemplait souvent.

Lors d'une réunion de famille, nous nous avisons que Marina a quitté la table. Nous la cherchons un peu partout et finissons par la découvrir dans ma chambre. Elle avait aligné ses jouets sur mon lit et disait : *« - Moi, je prends celui-ci. Toi, Ryad, tu prends celui-là »*. De saisissement, nous nous sommes tous figés sur le pas de la porte et nous sommes demeurés un bon moment à l'observer qui conversait familièrement avec quelqu'un qui n'était plus de ce monde. Malika fut la première à réagir. *« - Tu te trompes,* dit-elle, *tu dis Ryad, mais en fait, c'est avec papa que tu joues d'habitude. – Non »*, rétorqua la gamine.

Ce jour-là plus que jamais, j'ai pensé que j'étais moi-même Ryad et il a fallu que je m'ébroue pour m'assurer que j'étais bien vivant dans la maison paternelle et non pas étendu raide et glacé dans la dernière demeure de Ryad. *« - Viens,* dis-je à ma fille, *viens jouer avec moi. Mieux vaut laisser l'oncle Ryad se reposer. Il est très fatigué, tu sais. »*

Marina a écouté mon conseil. Elle a laissé Ryad se reposer de sa grande fatigue et s'est dès lors abstenu de le déranger pour jouer avec lui. Dans son babillage, le nom de Ryad s'est fait de plus en plus rare en sorte qu'on aurait pu penser que le souvenir du cousin mort s'estompait dans son esprit. Mais il y a quelques semaines, elle a ouvert un tiroir et la photo de mon neveu est apparue. Marina a passé le plat de sa main sur le portrait et a dit en me regardant au fond des yeux : *« -Oui, c'est Ryad. »*

A. B.- Mais tu parlais d'une répétition.

D. L. – Il y a un an, c'est ma petite nièce Kenza, la petite-fille de Fatima qu'on surprend dans ma chambre à jouer avec l'oncle Ryad. *« - Moi, je prends ce jouet et cet autre est pour toi, oncle*

Ryad ». Le même jeu que celui pratiqué par Marina quelque temps auparavant, dans le même lieu – ma chambre –, avec le même partenaire – l'âme défunte de mon neveu. C'était hallucinant. Et plus hallucinant encore l'interrogatoire auquel j'ai soumis ma nièce Kenza : *« - C'est Marina qui t'a suggéré de jouer à ce jeu ? »* Le regard étonné de ma nièce ! Et sa réponse : *« - Mais non, pas du tout, c'est l'oncle Ryad qui me l'a proposé ! »*

Difficile de ne pas penser que c'est Ryad qui prend l'initiative de ces jeux. Difficile de ne pas remarquer qu'il choisit justement ***ma*** chambre pour venir jouer avec ***mes*** partenaires de jeu, précisément. Difficile, en somme, de ne pas entendre ce message qu'il vient de temps à autre souffler à mon oreille : *« - Toi et moi, nous sommes la même personne. »*

Je suis pénétré de ce que je dis là, mais en même temps une autre partie de moi-même, l'âme rationnelle, récuse toutes ces paroles et m'accuse de sombrer dans la superstition.

En tout cas, si superstition il y a, elle ne comporte, selon moi, rien de malsain ni de morbide. Ces « apparitions » de Ryad m'ont semblé totalement différentes de ces histoires de cadavres qui se lèvent de leurs tombes ou de ces âmes en peine qui persistent à chercher leur chemin sur cette terre.

Nos « contacts » avec ce jeune homme mort ne m'ont paru relever ni de la nécromancie ni du dialogue spirite.

A. B.- Pourrais-tu me dire pourquoi ?

D. L.- Il n'y avait rien de macabre, de triste, de funèbre dans ces échanges entre Ryad et les fillettes. Nous étions plutôt contents que ces choses se soient produites, comme si quelque chose de Ryad subsistait vraiment, non pas son fantôme (un fantôme souffre, il est dans l'errance), non, mais plutôt quelque chose de positif, de bienfaisant qu'il avait réellement laissé derrière lui en quittant ce monde. Dans les deux occasions où Ryad s'est manifesté, le repas familial qui a suivi s'est déroulé dans un silence serein, recueilli, comme si une bénédiction était descendue sur nous.

Mais toi, André, à propos des manifestations de ceux qui ne sont plus, fais-tu une claire différence entre celles qui sont maléfiques et celles qui sont bienfaisantes ?

A. B.- Je pense que la différence est à rechercher du côté d'une certaine loi de séparation qu'a instaurée le Créateur. En vue de l'ordre cosmique, il a établi des portes qu'il est interdit de franchir. Par exemple, il est dit dans la Bible qu'il a créé les êtres vivants chacun selon son espèce, ce qui paraît signifier – entre autres choses - que les unions entre espèces différentes constitue une transgression. De même, il a dressé une porte entre ce monde-ci et celui des morts afin que ceux qui sont là-bas ne reviennent pas ici et que ceux qui sont de ce côté-ci des choses ne s'avisent pas d'aller explorer le monde des morts.

A mon avis, si vous n'avez ressenti aucun malaise lors des « manifestations » de Ryad, c'est parce qu'elles n'impliquaient aucune transgression à l'encontre de cette loi de séparation. Autrement dit, ce n'est pas à un revenant que vous avez eu affaire, mais à quelque chose de bien réel que Ryad a laissé subsister dans ce monde en le quittant.

D. L.- Mais que peut-il rester ici-bas d'un homme qui est mort ?

A. B.- Beaucoup de choses, en vérité : son souvenir, les influences qu'il a exercées de son vivant et qui continuent leur chemin une fois qu'il est parti. En vérité, son influence perdurera, de siècle en siècle, jusqu'à la fin des temps.

Je songe à quelque chose que dans la tradition secrète des Juifs, la kabbale, on appelle *ibour.* Ce mot veut dire au sens propre *fécondation.* Mais il sert également à désigner un processus par lequel une partie de l'esprit d'un être de grande qualité vient s'attacher à quelqu'un d'autre afin de lui communiquer ses vertus. L'esprit du premier finit par devenir consubstantiel de celui du second.

Il est dit que l'âme de Juda habita Booz au moment où il féconda Ruth, la Moabite. Le *Zohar* soutient[4] que si au début de

[4] en *I 99 a.*

son règne, le roi David vint s'installer à Hébron, ce fut pour être fécondé par l'âme des patriarches.

Il y a une analogie inversée entre le processus de l'*ibour* et celui de la possession par un *dibbuk*, un démon. La fécondation est une élévation tandis que la possession est une chute. La première consiste pour l'esprit fécondé en un épanouissement tandis que la seconde entraîne une dépersonnalisation.

D. L.- Mais alors, si mon esprit a été fécondé par celui de Ryad, ça veut dire que je ne suis plus tout à fait moi.

A. B.- Non, ça veut dire que tu restes toi-même, mais que tu es devenu meilleur grâce aux charismes que Ryad t'a communiqués. Le *ibour* n'implique aucune dépersonnalisation, mais au contraire un épanouissement complet de la personne.

D. L.- Mais alors, si mon neveu s'est pour ainsi dire agrégé à mon être, cela signifie bien, comme je l'avais pressenti, que j'ai un lien extraordinaire, exceptionnel, avec ma sœur.

A. B.- Si le *ibour* est autre chose qu'une légende, oui, ça veut dire que tu es un peu, mais réellement, le fils de Malika.

Mais voici que tu sembles frappé de stupeur. Pourtant, mon propos est fort proche de ce que tu entends couramment dans la Loge, à savoir que, lorsque les Francs-Maçons se réunissent, un égrégore[5] vient couronner leur assemblée. Cet égrégore est l'âme unique qui se constitue à partir de tous les Maçons qui appartiennent ou ont appartenu dans le passé à cette Loge. Dans le Temple, l'influence toujours vivante des défunts vient

[5] Le terme grec *egregoros* signifie *veilleur*. Dans la littérature juive ancienne, les *Veilleurs* étaient les Anges qui sont descendus au mont Hermon pour venir chercher des épouses parmi les filles des hommes. Mais certains occultistes comme Stanislas de Guaita ont mis à profit l'apparente structure du terme (*ex = à partir de ; gregs = troupeau ; gorein = conduire)* pour désigner par *égrégore une entité spirituelle issue d'un groupe et qui devient le guide de celui-ci*. Il faut néanmoins remarquer que cette interprétation *a posteriori* du terme n'est pas si éloignée de la première. Dans les deux cas, un principe mystérieux vient s'unir à des êtres humains pour les féconder. Quoi qu'il en soit, l'emploi du terme *égrégore* pour désigner l'entité collective d'une Loge est devenu si courant qu'il ne sert plus à rien de protester contre le contresens. Il ne reste plus qu'à admettre ce que l'usage a consacré.

ainsi irriguer l'âme de ceux qui continuent ici-bas la tâche qu'ils ont commencée.

Eh bien, mon cher Djamel et peut-être toi aussi, mon cher Ryad – si d'aventure ton esprit s'est associé en quelque façon au nôtre -, nous en avons assez dit pour cette après-midi. Nous pouvons nous séparer en nous disant : *« - A bientôt ! »*

IV

La tristesse de devenir adulte

André Benzimra.- Après les six échecs consécutifs que tu as essuyés au club de boxe de Villeneuve, tu es donc passé par une période que tu as toi-même caractérisée comme une traversée du chaos. Effectivement, durant les mois qui ont suivi l'arrêt de ton activité sportive, tu sembles avoir perdu tes repères, ne plus savoir ce que tu veux faire de toi, un bon élève ou un dilettante. Un jour, néanmoins, tu vas bien finir par sortir de ce chaos puisque, en fin de compte, tu vas reprendre la boxe.

Djamel Lifa.- Oui.

A. B.- Qu'est-ce donc qui t'a décidé à remettre tes gants ?

D. J.- De loin en loin, dans les rues d'Oraison, au marché, dans les foires, je rencontre M. Vitobello, mon gentil entraîneur. Certes, il ne me sollicite plus expressément. Mais ses regards sont sous-titrés et ils plaident : *« - Que fais-tu à traîner ici comme un malheureux quand ta place est à Villeneuve, dans notre club ? »* Cet homme-là, il n'a jamais cessé de croire en moi, soit que ses compétences lui aient fait pressentir que je serais un jour un champion, soit qu'il fût aveuglé par l'affection qu'il portait à son poulain.

Il y avait aussi mes frères qui continuaient à boxer. Il y avait surtout Hacène, celui qui, par la suite, devait disparaître sans laisser de traces, celui que je n'ai jamais cessé de rechercher dans le monde entier, que vingt fois j'ai cru reconnaître dans la fumée des salles de combat, parmi les spectateurs, parfois (et c'était une hallucination à faire crier !) sur le ring même, en face de moi, alors qu'il n'est ni de ma carrure ni de ma catégorie, ce frère qui n'en finit plus de disparaître, de s'estomper de ma mémoire avide de le retenir, mon Hacène, ma blessure qui ne guérit pas… Donc, j'avais 13-14 ans, je ne boxais plus, mais lui, Hacène, pratiquait encore. Et j'étais sous le charme de son prestige. Il était beau, couvert de femmes. En plus, il avait un

CAP de carrossier, il travaillait, rapportait de l'argent à la maison : c'était un être responsable, tout le contraire de moi. Mais j'avais envie de lui ressembler. J'admirais jusqu'à ses faiblesses et lorsqu'il a été battu contre un boxeur de Manosque, lui qui défendait les couleurs et l'honneur du club de Villeneuve, il s'est mis à pleurer et j'ai sangloté avec lui. Voilà bien les boxeurs ! Des bêtes fauves en public, mais des rivières de larmes en coulisse. Donc, si j'ai un jour remis mes gants, c'est en bonne partie pour imiter mon frère Hacène, pour me couler autant que faire se pouvait dans sa manière d'être.

Mais peut-être que ce qui m'a le plus décidé à revenir à Villeneuve, ça a été la défaite révoltante de mon autre frère, Hocine, contre un nommé Lupi, un gars de Six-Fours (une localité de la Côte d'Azur). De toute évidence, Hocine était plus fort que lui, mais il a commis deux ou trois erreurs et il a perdu son match. Il ne parvenait pas à se pardonner cette défaite. Et moi, je me suis mis alors à rêver que je le vengeais. Et effectivement, c'est ce qui devait se produire trois ans plus tard, après que j'eus accédé au statut d'amateur. Face à moi, Lupi a commis les mêmes erreurs qu'Hocine et je les ai exploitées de la même façon qu'il les avait lui-même exploitées trois ans auparavant. La rencontre Lifa-Lupi s'est donc reproduite exactement, mais les rôles étaient inversés.

A. B.- Dans tout cela, je découvre chez mon Djamel une étonnante aptitude à s'identifier aux autres, à Ryad, à Hocine…

D. L.- C'est un trait de la famille Lifa dans son ensemble. Tiens, par exemple, ma sœur Malika qui en apparence se soucie comme d'une guigne des états d'âme d'autrui, eh bien ! il faut voir avec quelle acuité elle est capable de ressentir ce qui se passe dans le cœur des autres. Je dois souligner que pour rien au monde mon orgueil ne m'aurait permis de jamais trahir devant elle le tourment qui me tenaillait d'avoir dû abandonner la boxe. Un beau jour… Nous étions alors, elle et moi, à Villeneuve-Loubet, en colonie de vacances pour un mois. Nos parents étaient en Algérie. A part une brève visite de Fatima, nous nous retrouvions livrés à nous-mêmes et peut-être que cela avait renforcé l'intimité qu'il y avait entre nous… Quoi qu'il en soit, sans que rien l'ait laissé prévoir, voici qu'un beau jour, Malika me lâche à brûle-pourpoint : *« - Allez ! basta ! cesse de ruminer tes échecs. Retourne à Villeneuve et remets tes gants puisque tu en meurs d'envie ! »* Elle a chaudement insisté pour que je remonte sur le ring.

A. B.- Avec quels arguments ?

D. L.- Elle disait que mes frères pratiquaient la boxe pour faire un exercice, mais que pour moi, ce sport représentait autre chose.

A. B.- Elle avait détecté que toi, tu es contaminé par une sorte de virus.

D. L.- Oui. Et va donc savoir ce que c'est que cette maladie, cette fascination qu'une activité peut exercer sur toi. Indépendamment même des satisfactions d'amour-propre que je pouvais attendre de la boxe, du plaisir physique que je pouvais tirer de son exercice, elle opérait sur moi une attraction aussi mystérieuse et aussi impérieuse que celle de l'aimant sur la limaille de fer.

A. B.- Cette sorte d'appel, de convocation est une chose bien étrange. On songe ici à Marius dans le film de Pagnol. Il a beau se résigner à son avenir de serveur d'estaminet entre son père César et sa fiancée Fanny, le grand large continue de l'appeler et à peine un bateau en partance pour les lointains vient-il faire escale dans le port de Marseille qu'il s'y engouffre corps et âme, avec armes et bagages, laissant à quai tout ce qu'il aimait : son vieux père et complice, la femme de sa vie, ses amis et aussi Panisse, le rival qui va lui souffler sa Fanny pour vingt ans.

Il n'y a dans le monde aucune raison connue à ces sortes de fascination. Tu dépérissais loin de la boxe. Tu te consumais d'une maladie orpheline que les médecins ne savent pas diagnostiquer. Et soigner, moins encore. Les vocations… Ce sont les secrets incompréhensibles du destin. Dieu t'appelle à ce poste, pas à un autre. Nul ne sait pourquoi. Lui le sait.

D. L.- Mais peut-être vois-tu des mystères là où il n'y en a pas. J'étais alors un petit musulman parmi les chrétiens, un immigré (bien que né en France) parmi les vrais autochtones, un petit gars chétif et malingre parmi les gens normalement constitués, un cancre parmi les bons élèves. En conséquence, je cherchais peut-être à me distinguer, voilà tout. Je t'ai déjà touché deux mots de ce besoin insatiable de reconnaissance qui m'habite. Eh bien ! c'est peut-être tout simplement par désir de reconnaissance que j'aspirais à devenir LE boxeur parmi le tout-venant des footballeurs en herbe.

A. B.- En même temps que tu dis ça, tu sens bien que ces petites raisons ne suffisent pas à expliquer ton attirance pour la boxe.

Quand tu étais encore enfant, il s'est passé pour toi à propos de ce sport ce qui se reproduira trente ans plus tard, quand le bon Dieu des Francs-Maçons, celui qu'on nomme le Grand Architecte de l'Univers[6], t'a convoqué et que tu as sollicité ton

---

[6] Les juifs invoquent Adonaï, les chrétiens Notre Père qui êtes aux cieux, les musulmans Allah. Les Francs-Maçons parlent quant à eux du Grand Architecte de l'Univers. Que faut-il entendre par cette expression ? Un architecte est celui qui dresse les plans d'un édifice de manière que celui-ci soit solide, viable, et bien agencé, harmonieux. Pour certains Frères (et André Benzimra est de ceux-là), il s'agit de Dieu lui-même. Pour d'autres, ceux qui sont athées ou agnostiques, il s'agit d'un principe d'ordre qui est en jeu dans le monde.

Nous allons tenter d'éclairer cette dernière position qui est (en apparence) plus obscure que la première.

Il ne fait pas de doute qu'il existe dans le monde un principe dit d'entropie, c'est-à-dire, un principe d'usure. Le monde s'use : cela signifie que chaque fois que s'effectue quelque part un mouvement ou une construction (par exemple la construction d'un organisme vivant), une certaine quantité d'énergie est utilisée, laquelle ne pourra plus servir ensuite pour d'autres mouvements ou d'autres constructions. Un jour toute l'énergie utilisable de l'Univers aura été épuisée. En d'autres termes, l'Univers évolue vers un état final où il n'y aura plus du tout de mouvements ni d'assemblages : le monde ne sera plus qu'une immense poussière d'atomes immobiles.

Mais à côté de ce principe d'entropie, il existe dans l'Univers un principe inverse (d'anentropie). C'est pourquoi un organisme complexe tel qu'un

admission en Franc-Maçonnerie. Dans les deux cas, quelque chose t'attirait, sans que tu saches pourquoi.

Aucun Franc-Maçon n'a jamais su pourquoi il était entré en Maçonnerie. Quand on se tient encore à l'extérieur de cette vénérable Maison, on sent bien qu'on ignore tout de sa nature, que la multitude de livres qui se publient sur elle ne peuvent en révéler l'essentiel, qu'il faut absolument être dedans pour savoir de quoi il retourne. Et pourtant, celui qui est appelé à devenir Franc-Maçon se sent irrésistiblement attiré par cette organisation. C'est un départ vers l'inconnu, mais on a l'intime conviction de se rendre à un rendez-vous crucial avec soi-même. On sait que c'est là que l'on va se révéler à soi-même.

Je pense que le mot *vocation* résume assez bien ce dont il s'agit. Le terme vient du latin *vocatus* qui veut dire *appelé*. Celui qui a une vocation est quelqu'un qui est appelé, convoqué.

Et cet appel qu'est la vocation, tu l'entends à chaque réunion de la Loge, au moment où le secrétaire procède à l'appel et qu'il n'a pas encore énoncé ton nom. Ce n'est pas un appel comme à l'école, pour vérifier que les élèves ne sont pas absentés. Non,

---

bébé peut encore trouver à se former dans le ventre d'une mère. C'est aussi pourquoi un peu partout dans le monde s'effectuent toute une série d'activités visant à mettre en ordre ce qui ne l'est pas.

Cette opposition entre un principe de désordre et un principe d'ordre est connue depuis longtemps. Déjà, dans l'Antiquité, le grec Empédocle avait perçu dans le monde un principe de Haine qui désunit les choses et un principe d'Amour qui les rassemble et les unit.

Ce principe d'anentropie, ce principe d'Amour, ce principe d'unification, c'est ce que les Frères peu portés à penser en termes religieux appellent le Grand Architecte de l'Univers.

Nous disions ci-dessus que la conception qui consiste à dire que le Grand Architecte est Dieu n'est pas plus claire que celle que nous venons d'exposer. C'est, en effet, que nul ne comprend ce que signifie ce mot : Dieu.

Conclusion : Comme nul ne sait ce que c'est que Dieu et que nul ne comprend non plus ce que c'est que ce principe d'anentropie, l'auteur de cette note estime qu'il n'y a aucun inconvénient à dire que les Frères croyants et incroyants pensent la même chose sur ce sujet – c'est-à-dire sont aussi ignorants les uns que les autres - et n'ont donc aucun motif de se considérer comme des adversaires.

c'est une convocation lancée par le Grand Architecte de l'Univers, le rappel de ta vocation maçonnique, de ce mystérieux engagement que tu as contracté un jour vis-à-vis de toi-même.

Car une vocation, c'est aussi le respect que l'on doit à une part inconnue, mais essentielle de soi-même. Je dois être boxeur, je dois être franc-maçon. C'est un devoir absolu, auquel je n'ai pas le droit de me dérober, sous peine de voir mon nom tomber en poussière loin de toute mémoire et s'effacer à jamais du livre des vivants.

Donc, tu reprends le chemin de Villeneuve.

D. L.- Sept kilomètres pour aller, sept autres pour en revenir. Je n'ai pas d'autres moyens de locomotion que mes pieds. Comme un dératé, je cours la campagne dans la nuit. Parfois, lorsqu'il vente ou pleut ou neige, M. Vitobello se propose à me raccompagner et je lui raconte que non, merci, j'ai ma mobylette là dehors. Il a eu une dure journée, je ne veux pas ajouter à sa fatigue. En trois ans, presque personne ne m'a pris en stop pour m'éviter d'attraper la mort : les gens ont peur ; qui sait le mauvais parti que pourrait leur réserver un *marathon man* nocturne ? Je dis : *presque personne*, parce qu'une fois une vieille dame m'a fait monter dans sa voiture. Oui, j'ai eu affaire une nuit à un être humain qui préféra courir le risque de se faire assassiner par un rôdeur plutôt que de laisser un pauvre garçon mourir de froid. Plus tard, quand je suis devenu champion de France, célèbre, adulé, une très vieille dame m'a accosté dans une boulangerie d'Oraison. Timide, hésitante, comme si elle allait quémander une faveur. Et puis, voici qu'elle se fait reconnaître. *« -C'était moi qui… »* Une pointe de fierté dans la voix, comme si elle était pour quelque chose dans ma réussite. Et c'est vrai que, cette nuit-là, en me prenant en stop, elle m'avait peut-être évité la pneumonie qui aurait arrêté net ma carrière. Peut-on jamais savoir ce qu'on doit exactement aux gens ?

Tous ces trajets, je les ai couverts, souvent pour pas grand-chose. Car la plupart du temps, je n'ai personne d'autre à combattre qu'un sac de sable. Je m'entraîne seul. M. Vitobello me donne un ou deux conseils. Et, roule, c'est assez pour aujourd'hui.

A. B.- Mais tout de même, il t'arrive d'avoir affaire à de vrais adversaires ?

D. L.- Oui, bien sûr. En l'espace des trois ans que dure mon second apprentissage chez Gaëtan Vitobello, je participe à une trentaine d'assauts.

A. B.- Ah ! bien ! Et alors ?

D. L.- On devine ce que tu attends, mon cher André. Que je te décrive l'irrésistible ascension d'un champion. Mais pour le moment, ça n'est pas du tout ça. Ce que je fais durant ces trois années, ça n'est rien d'autre que de la boxe éducative. Un amusement entre jeunes du même âge, plutôt qu'un sport sérieux, un sport de compétition. Tantôt je gagne l'assaut, tantôt je le perds. De toute manière, le résultat n'a aucune importance. Il ne s'inscrira dans aucune mémoire. Si tu perds, tu n'as pas perdu grand-chose. Si tu l'emportes, il n'y a pas de quoi se monter le bourrichon. D'ailleurs, est-ce que tu l'as vraiment emporté ? Même l'évaluation des arbitres fonctionne dans un aimable à-peu-près.

A. B.- Mais enfin, il y a bien un moment où se produit le tournant, où Djamel Lifa sort du lot des petits boxeurs de quartier.

D. L.- Eh bien, il n'est pas pour tout de suite, le tournant. Dans ce métier, à seize ans, tu passes amateur. A ce moment-là, certes, c'en est fini des simulacres, c'est une vraie boxe, avec des vrais coups, un vrai vainqueur déterminé de manière vraiment scientifique. Oui, mais, la boxe amateur, c'est seulement 3 rounds de 2 minutes chacun. C'est sérieux, mais, comme tu le vois, c'est encore plus que modeste. A l'instant où je deviens amateur, je me figure qu'une révolution est en train de s'opérer dans mon statut. Hélas ! je ne tarde pas à me rendre compte que le vrai tournant (celui dont tu parles) est renvoyé aux calendes.

A. B.- Bon, peut-être. Mais il faut bien qu'à un moment ou à un autre, tu aies commencé de révéler des capacités exceptionnelles. Est-ce que la chose se produit au cours de cette période d'amateur ?

D. L.- Je fais alors 51 kilos, je suis classé catégorie poids mouche. Oui, d'une certaine manière, je suis une exception : mes frères ont arrêté la boxe ; moi, je continue. Ils sont passés à autre chose ; moi, je suis toujours porteur du même virus, je ne guéris pas, mon état ne s'améliore même pas. En conséquence, je sillonne la Provence, un combat à Salon, d'autres à Marseille, à Nice. Je finis par devenir champion de Provence.

A. B.- A la bonne heure ! Voilà un début !

D. L.- Mais non, ce n'est là le début de rien du tout. D'accord, je suis un bon boxeur. Mais il y a le champion de Flandres, celui du Pas-de-Calais, etc. Des bons boxeurs de cet acabit, il y en a par centaines de milliers de par le monde. Parvenir à un niveau comme celui-là, ça n'est même pas comme obtenir le baccalauréat qui, lui, est un examen national. Lorsque je participe au Championnat de France junior à Vichy et que je me retrouve en finale, c'est une satisfaction intense, bien sûr, même si je perds en définitive devant le champion de Picardie. Mais quoi ! Je reste un petit, un obscur. Un amateur, c'est tout dire.

Comment t'expliquer à quel point je ne suis vraiment rien du tout, à cette époque ? Tiens, je m'en vais te faire comprendre. Un jour, à Aix, j'ai l'occasion de rencontrer à l'entraînement un nommé Lahmeri, un gars qui habite Aix, à 50 kilomètres de Villeneuve. Il a même âge, même poids que moi, mais sa classe est dix fois supérieure à la mienne. Il n'est consacré champion de rien du tout. Il n'est rien qu'un petit roquet sans pedigree. Et pourtant, je me revois le solliciter minablement dans les vestiaires : *« - Dis, veux-tu bien frapper un peu moins fort. Tu me fais mal, vraiment. »* Je ne sais si tu te rends compte de l'humiliation qu'on éprouve lorsqu'on en est réduit à pareilles sollicitations. Tu t'es voulu boxeur, autant dire combattant endurci, samouraï.

Et te voilà dans le rôle du suppliant. Tu mendies un peu de répit pour ta chair en charpie.

Qu'est-ce qui pourra jamais te laver de semblable humiliation ? Quelques années après celle-ci, il se trouve que, au cours d'un entraînement à Aix, j'ai à combattre ce même Lahmeri et voici que je lui inflige ce qu'il est convenu d'appeler une correction – quel mot affreux pour un boxeur et surtout pour un franc-maçon ! On appelle ce genre de retournements *un juste retour des choses* (mon Dieu ! que vient faire ici la justice ?) et ils sont censés te procurer une sombre délectation. Mais à peine cette joie barbare a-t-elle commencé de me monter dans la poitrine qu'elle a tourné court : la détresse de ce pauvre garçon me rendait amer le goût de cette revanche.

Une autre fois, quelqu'un d'autre, je ne sais plus qui, m'a demandé de frapper moins fort à l'entraînement. Un instant, j'ai été tenté de frapper encore plus fort, au contraire, afin de venger mes souffrances d'autrefois. Et puis, le cœur m'en a manqué et je me suis senti aussi misérable que celui qui m'implorait.

A. B.- Il y a des joies barbares qui ne sont en réalité que de la douleur. Si les hommes comprenaient cela, le monde irait mieux, sans doute. En tout cas, c'est l'un des enseignements de l'Ordre maçonnique que les mauvais sentiments sont incapables de nous faire goûter un bonheur sans mélange.

D. L.- Je ne suis pas sûr que beaucoup de Francs-Maçons aient assimilé cet enseignement. La plupart des Frères me paraissent jouer les bons sentiments plutôt que d'en avoir réellement. On leur dit qu'il faut se montrer fraternels, alors ils font comme si. C'est un peu décevant.

A. B.- La sagesse est un long chemin pour tout le monde. Alain, le philosophe, a fait l'apologie de la politesse. Quand elle règle les rapports entre les hommes, elle laisse souvent l'impression qu'elle est convenue, surfaite, et que, sous le vernis qu'elle dépose, la bête de proie demeure. Et, en effet, il peut arriver que la méchanceté agrémentée de belles manières se montre plus féroce que la cruauté à l'état brut. Pourtant, les habitudes de politesse agissent comme un patient polissage. A la longue, la civilité civilise. De même, en nous forçant à jouer les bons Maçons, prévenants et fraternels, la Maçonnerie espère nous faire goûter aux douceurs – exemptes de tout mélange !- de la bienveillance, de la concorde et de l'amour. Elle nous donne à expérimenter le vrai bonheur, lequel est inséparable de la vraie bonté.

D. L.- En somme, c'est le principe : « *l'essayer, c'est l'adopter* » : *goûtez à cette sorte de félicité et vous n'en voudrez pas d'autre.*

Enfin, voilà quelle a été à l'époque que j'évoque ma vie de boxeur, une vie sans panache, sans aucun espoir de percer un jour. Mais bon, je faisais ce que j'avais voulu faire. Je boxais et pour de bon. C'était une vie remplie d'autant de satisfactions que de souffrances. Mais c'était mon chemin, celui que j'avais choisi.

A. B.- Comme dit un chanteur que tu aimes bien, Salvatore Adamo :

C'est ma vie, c'est ma vie,
Je n'y peux rien : c'est elle qui m'a choisi.

Au total, tu étais plutôt bien dans ta peau.

D. L.- Pas si bien. Dans ces années-là, je vivais dans une bulle et je me voilais la face pour ne pas voir ce qu'il y avait à l'extérieur. Mais une angoisse terrible m'habitait et qui, d'année en année, allait en s'aggravant.

A. B.- Qu'est-ce donc qui te tourmentait ?

D. L.- L'âge que j'étais en train de prendre. Je voyais venir avec terreur l'heure où il me faudrait sortir de l'enfance. Sortir de l'enfance, c'est quitter une seconde fois le ventre maternel. Les affres de cette seconde fois ne sont guère plus tolérables que celles de la naissance. L'entrée dans cette vie terrestre arrache au nourrisson un cri terrible. Il suffoque comme un poisson jeté hors de l'eau. Et moi, je suffoquais d'avance à la pensée que j'aurais bientôt à quitter l'état d'enfance, qu'il me faudrait abandonner mes chimères – monter sur les plus célèbres rings du monde, devenir un grand champion – pour embrasser un métier banal. Je crois que peu ou prou, tous les enfants, tous les adolescents ont dû goûter au breuvage amer de cette angoisse le jour où ils se sont dit : je vais sortir du cocon de l'enfance, accéder à l'âge des responsabilités. Sans les satisfactions d'amour-propre, la dérisoire illusion qu'on va devenir *un grand,* la perspective de ce passage à l'état adulte serait insupportable. C'est autre chose que les coups de boutoir d'un adversaire à qui tu peux toujours demander grâce.

A. B.- Paul Nizan disait : « *Je ne permettrai à personne de dire que 20 ans est le plus bel âge de la vie.* »

D. L.- Tu me parleras de ce Nizan. Je veux le connaître et me souvenir de lui, car il faut entretenir la mémoire de ceux qui ont prononcé des paroles véridiques.

Oui, c'est une tristesse infinie que d'avoir à se dépouiller de ses rêves pour passer à l'âge adulte, surtout lorsque les projets qu'on a faits pour cet âge viennent à capoter.

A. B.- Tu m'as parlé de ton intention de devenir carrossier. Cela n'a donc pas marché ?

D. L.- Au terme de mes trois années d'apprentissage en LEP pour décrocher ce fameux CAP de carrossier, je me présente donc à l'examen. M. Haudecoeur, le prof d'atelier, me soumet à rude épreuve : il me donne à redresser une aile de voiture complètement tordue. Va chercher par quel bout la prendre pour effectuer les soudures nécessaires. Je ne me fais aucune illusion : M. Haudecoeur m'a assigné cette tâche pour me punir de mon absentéisme de toute l'année. Néanmoins, je m'applique, je m'affaire, je déploie des trésors d'ingéniosité et l'aile finit par reprendre figure humaine, si je puis dire. Cette prouesse a pour effet paradoxal de mettre M. Haudecoeur hors de lui. A ses yeux, je suis d'autant plus coupable d'avoir gâché cette année que je viens de démontrer combien je suis doué. Bon joueur, il m'accorde néanmoins mon diplôme.

Peu pressé d'entrer dans l'ornière de la vie active, j'argue de mes talents de redresseur d'ailes tordues pour solliciter une année d'études supplémentaire en LEP. Je désire apprendre, prétexté-je, la peinture sur véhicule. M. Haudecoeur ne se méprend pas sur mes prétendues motivations. Et la perspective d'avoir à me supporter une année de plus dans sa classe lui fait pousser des boutons. Opposition catégorique.

Faute d'avoir pu faire cette année de peinture, je n'ai guère de chances de trouver un emploi de carrossier. Alors…

A. B.- Alors ?

D. L.- Alors, c'est la descente aux Enfers, la damnation. J'arrête l'école. J'ai dix-sept ans et ce que j'ai toujours voulu éviter me rattrape, me tombe dessus, me lie les pieds et les poings et me voilà bouclé à double tour dans la condition de mon père. Je deviens manœuvre dans son entreprise de ferraillage.

Je suis accablé. Et lui, au lieu de me consoler, de m'encourager, ajoute à mon désarroi : *« - Finie la plaisanterie ! Tu vas tâter de la vie qu'a vécue ton père !»* Ainsi donc, à l'appel paternel, plus impératif, plus angoissant que le clairon des casernes, debout à six heures du matin[7]. Tu dois être prêt en 10 minutes. Le rythme est tellement endiablé que je n'ôte même pas mon bleu de travail pour me coucher, de crainte de n'être pas assez vite opératif le lendemain matin. Père a déjà constitué à l'époque plusieurs équipes qui interviennent sur différents chantiers. Il me place, ainsi qu'Hocine, sous les ordres du chef d'équipe le plus intransigeant : lui-même. Je fais la coupe des barres de métal à Oraison et mes pauvres mains gonflent, bleuissent, se rigidifient, pendouillent après usage comme des

---

[7] Maman Hafsia m'a conjuré de ne pas parler d'elle dans cet ouvrage, en tout cas de ne pas la mettre au premier plan. Tout de même, elle m'accordera au moins l'honneur de la faire figurer en premier rôle dans une petite note en bas de page.

Dès cinq heures et demie du main, elle m'appelait : *« - Djamel ! Djamel ! C'est l'heure, Djamel, d'aller au travail. Djâmelll ! »* Au lieu de me tirer du lit, cette douce voix avait pour effet de me bercer encore davantage dans mes rêves bleus. Au contraire, au premier *Djamel !* de mon père, je tombais du lit.

Encore aujourd'hui, lorsque je veux profiter pleinement de mes grasses matinées, il me faut évoquer la douce voix de maman Hafsia : *« Djamel, mon fils, réveille-toi, c'est l'heure d'aller au trâvaill… ».*

objets inidentifiables. Et mon père de ricaner : « *-Hein ! c'est autre chose que vos petites pichenettes de danseurs de ring !* » Si je ne reste pas à Oraison pour achever de mettre mes mains en bouillie, alors il me faut courir, sur les talons de Père, à Digne-les-Bains, Narbonne, Carcassonne, Manosque, Marseille, partout où l'on requiert ses services. Et là, tout au long des heures qui s'écoulent au compte-goutte, c'est le supplice des terrassiers, un travail spécialement étudié pour vous casser les reins par le milieu. Et creuse que je creuse et vite ! Vite parce qu'on est toujours à la bourre, vu que Père ne refuse aucun chantier. En prime, il ne cesse de nous accabler, Hocine et moi, d'un humour assassin.

A l'époque, il est encore illettré, je te le rappelle. Il n'empêche, il ne se démonte devant aucun des plans que lui présentent les clients. *« -Oui, oui, je vois ce qu'il y a à faire. Ne vous faites aucun souci ! »* Et, de fait, personne ne s'est jamais plaint de ses prestations.

Quand il s'agit de se rendre à Trifouillis-les-Oies, siège du dernier chantier qu'il a accepté, il ne peut évidemment s'en remettre aux panneaux routiers pour chercher sa direction. Il ramasse donc le problème entre ses deux sourcils froncés, se livre en bougonnant dans sa barbe à je ne sais quels mystérieux calculs et déductions, puis, sans hésitation, décrète tout à coup : *« - C'est par là ! »* cependant que, sur la banquette arrière, mon frère et moi, nous séchons sur nos cartes routières. Cet homme-là a de naissance un GPS dans la tête ! Et d'ironiser, bien entendu, sur la recherches rationnelle des directions routières : *« -C'est bien la peine d'avoir fait tant d'études pour être incapable de savoir comment on fait pour aller du point A au point B. Ah ! elle est belle, la jeunesse scolaire de ce pays ! Toutes mes félicitations !»*

D'une manière générale, comment dans sa vie cet homme sans instruction aucune s'y est-il pris pour exercer tant de métiers divers – il lui a tout de même fallu en faire l'apprentissage ! -, pour s'être construit tout seul sa maison - il a bien fallu qu'il étudie les techniques de la construction ! -, pour avoir monté une entreprise - il a bien été obligé de chercher son chemin au travers de la brousse des paperasses administratives !- ? Il y a là une série de mystères que nous n'avons jamais éclaircis, nous, ses enfants.

A. B.- Mais dans cette nouvelle vie qui est la tienne, que devient l'entraînement ?

D. L.- Hélas, l'entraînement ! Les Lifa père et fils rentrent le soir à des heures impossibles. Nous sommes rompus, lessivés, sur les genoux. J'ai perdu plusieurs kilos. Je suis aussi chétif qu'un tuberculeux. Malgré les fortifiants dont me bourre maman Hafsia, où trouverais-je seulement la force d'enfiler mes gants ?

Adieu la boxe ! Ce n'était qu'un vieux rêve irréalisable, une chimère, quelque chose qui n'existe pas, en tous cas pas pour un pauvre petit provincial tel que moi.

Un temps, les journaux de la région ont chanté les louanges d'un certain Djamel Lifa. Mais, ne pas confondre ! c'était seulement l'action de grâce de l'arrière-pays de France en l'honneur d'un de ses sportifs du peloton de queue.

De loin en loin, mon père surprend d'un rapide coup d'œil le désespoir qui m'étreint et il laisse là son humour pour me prendre en commisération. *« - Ah ! Djamel, Djamel ! Si seulement tu avais voulu travailler sérieusement à l'école, surtout à partir du moment où tu t'es rendu compte que la boxe est un métier dans lequel il n'est pas facile de percer ! Si seulement, tu avais soigné tes études, tu ne serais pas aujourd'hui condamné à trimer comme ton père ! Pauvre enfant ! Quelle lourde erreur tu as commise en faisant le fainéant ! »*

Dans ces moments bénis – ils sont rares - où Père se rappelle combien il m'aime, dans ces moments-là il me plaint sincèrement d'en être réduit au même sort que lui. Mais ces bonnes paroles au lieu de m'apaiser m'enfoncent encore un peu plus dans mon chagrin. Un père sait à quoi s'en tenir sur son enfant. S'il vous dit que vous êtes malheureux, c'est en effet que vous devez être terriblement malheureux. Dans ces instants tristes mais privilégiés, je garde les yeux grands ouverts pour empêcher mes larmes de gicler hors de mes yeux. Et Père pose sur mon épaule sa main, sa précieuse main.

*

* *

André Benzimra.- Djamel, je dois t'avouer que je suis perplexe. La tranche de vie que tu me relates ressemble à un sort plié une fois pour toutes. La situation que tu me décris paraît complètement bloquée et on ne voit pas par quel miracle tu vas pouvoir t'en dépêtrer. Alors, que s'est-il passé ? Ton père a fait fortune dans les affaires ? Il a hérité d'un riche notable de Kabylie ? Enfin, que s'est-il passé chez vous pour que Djamel Lifa soit arraché à sa condition de bagnard et de nouveau propulsé sur un ring ?

Djamel Lifa.- Le miracle, ça a été la lettre que l'ange des P et T est venu déposer dans notre boîte aux lettres.

A. B.- Quelle lettre ?

D. L.- Celle par laquelle le bureau de la conscription me notifiait que j'allais devoir accomplir mon service militaire.

A. B.- Un nouveau sursis, d'un an, à ton calvaire !

D. L.- A vrai dire, lorsque cette convocation m'est parvenue, j'y ai vu tout autre chose que la perspective d'un sursis. Je me suis dit que je pourrais opter pour le métier des armes, que ce ne serait pas aussi exaltant que la boxe, bien sûr, mais tout de même plus agréable et plus valorisant que manœuvre dans l'entreprise Lifa. Et, puis, je te l'ai dit, j'aime à me sentir guidé, encadré : le métier des armes était tout indiqué pour combler ce besoin-là.

J'en étais là de mes projets d'avenir lorsque, peu de jours après cette convocation, je reçois une visite qui allait les modifier totalement. Gaëtan Vitobello venait d'apprendre que j'allais être soldat et il voulait me suggérer de postuler mon admission au Bataillon de Joinville, en poste à Fontainebleau. Moi, j'ignorais jusqu'à l'existence de ce bataillon. M. Vitobello m'explique donc qu'on y recrute la fine fleur des sportifs de France et qu'on leur donne, durant leur service militaire, la possibilité de poursuivre leur entraînement. « - *Mais,* objecté-je, *ils ne vont pas vouloir de moi : je ne fais pas partie de la fine fleur des sportifs de France ! – Bien entendu que non,* rétorque mon bon maître, *mais, qu'est-ce que tu perds d'essayer ?* »

*

* *

Au bureau des sélections de Vincennes, un ignorant de service a dû être impressionné par mon titre de champion de Provence. D'un coup de tampon donné par erreur il a scellé mon destin.

V

Histoire du petit canasson qui a rattrapé les grands chevaux

Djamel Lifa.- Je dis : *scellé mon destin.* Façon de parler ! Certes, ce coup de tampon a été décisif. Mais si la route du succès m'est offerte, elle est parsemée d'obstacles. Et, pour commencer, lorsque je rejoins l'INSEP[8] à Vincennes, où je suis convoqué, j'apprends que j'entre seulement en stage probatoire et que, en fin de semaine, si je ne fais pas mes preuves, je serai renvoyé dans les ténèbres et dans l'oubli, parmi la multitude des appelés qui ne seront jamais des élus.

Ma première impression, en entamant ce stage, est celle d'un figurant appelé à jouer dans un film à la distribution éblouissante. Il y a là l'élite de la boxe : Ludovic Proto, champion du monde militaire ; Laurent Boudouani, vice-champion olympique à Séoul ; Khalid Rahilou et tant d'autres, tant d'autres. Il y a Marie-Josée Pérec, la grande de l'athlétisme ; les judokas David Douillet et Djamel Bourras ; le champion du monde du 400 mètres haies Stéphane Diagana. Quand ils se retrouvent au mess tous ensemble, ça fait, crois-moi, un sacré générique, même si tout ce monde n'est pas encore aussi célèbre qu'il le sera d'ici quelques années.

Et alors, moi, je pressens quel rôle va échoir au canasson que je suis dans cette écurie de grands chevaux de course qu'est l'INSEP. Je fais partie de ceux qu'on a rassemblés ici parce qu'on a besoin de faire-valoir. Dans la catégorie boxe, on m'a confié le rôle du punching-ball. Autant dire le paillasson sur lequel les autres, les grands ! vont s'essuyer les pieds. En fin de semaine, quand le stage sera fini, roué de coups et noyé d'amertume, je n'aurais plus qu'à prendre congé de ce rêve

---

8 *Institut national du Sport et de l'Education physique.*

féerique pour aller rejoindre mes semblables, mes frères anonymes.

Alors, vois-tu, André, cette prise de conscience de ma nullité a été une chose terrible. Le contraste entre l'univers que j'avais connu jusqu'ici et celui que je découvrais était trop grand.

La compétition en club de province, c'est un vase clos où tu as vite fait de verser dans le délire des grandeurs. Tu jouis de l'admiration des villageois. A ton passage, les terreurs de quartier rentrent dans leurs petits souliers et te saluent avec respect. L'entraîneur t'encourage : *« -Vas-y, tu es un bon ! »* Tu fais les manchettes des journaux du coin. Dans les télés locales, tu deviens le héros de suspenses haletants : *« Djamel Lifa pourra-t-il battre le terrible X, le redoutable Y ? »*. Au fond de toi, tu as beau savoir que tu n'es que le champion des médiocres, toute cette mousse dont on t'asperge finit par te monter à la tête comme un champagne. Et tu t'y vois déjà, t'y crois, sur le podium ! Le sport en province est un rêve éveillé.

Alors, du jour au lendemain, te retrouver à l'INSEP quand tu n'es que Djamel Lifa, c'est comme tomber du lit à la fin de ton sommeil. Tu découvres tout à coup que le sport que tu pratiquais jusqu'ici était tout juste un simulacre de boxe, une parodie. La vraie boxe, la vraie technique, les vrais coups, ceux qui te laissent endolori pour longtemps, c'est ici.

André Benzimra (*qui se prend au jeu)*.- Bon, et alors ? Grands dieux, tu ne vas pas rester planté là à encaisser les coups sans réagir !

D. L.- Eh non ! Bien sûr que je ne vais pas rester là à me laisser ballotter comme un punching-ball ! Parce que cette fois, j'ai le couteau sur la gorge, la pointe sur la veine jugulaire. Ou bien je réagis d'une façon spectaculaire, je déjoue tous les pronostics, je me révèle et m'impose ou bien alors c'est à la ferraille que je suis condamné et cette fois pour toute pour la vie !

A. B.- Il y a une parole sainte. Allah dit à son fidèle : *« - Je suis plus près de toi que ta veine jugulaire »*[9]. L'Ange noir qui désespère les hommes t'a mis le couteau sur la veine jugulaire et va te précipiter dans l'Enfer hérissé de ferrailles. Mais il y a Quelqu'un qui est plus près de toi que ta veine jugulaire et te souffle la bonne inspiration, celle qui va te tirer d'affaire.

D. L.- Le diable, ses démons, ses Enfers, ah ! c'est certain ! je n'ai cessé d'avoir affaire à eux durant cette semaine de stage. Lorsque j'essaie d'évoquer ces jours terrifiants, le plus souvent c'est le vide dans ma pensée. Je ne revois dans ma mémoire qu'un brouillard aussi épais que les vapeurs d'un bain maure. Il me semble qu'on me prend à la gorge et qu'une voix ricane à mon oreille : « - *Ici, c'est la dernière étape avant la ferraille définitive ! Tu vas perdre. Tu as déjà perdu. Tu es perdu.* »

A. B.- Et la voix chargée de t'insuffler la bonne inspiration, que dit-elle ?

D. L.- Je ne me souviens pas d'avoir rien entendu de sa part. Mais il se peut en effet que j'ai entendu quelque chose car, voici ce dont je me souviens :

Alors même que je touche au fond du désespoir, tout à coup mon corps devient aussi dur qu'une carapace ; des pieds à la tête, je suis crispé, tétanisé, noué. Ma langue est prise dans ma mâchoire comme dans un étau et n'est plus qu'une éponge de sang. Mes yeux s'embuent. Je frappe, j'esquive, j'encaisse, je tombe, me relève, je frappe, frappe, j'encaisse, je rends, rends, non, je ne tombe pas, je ne tomberai pas ! je tiens, je tiens, debout, debout. Debout. Je hurle : je suis debout ! Mon foie meurtri. La peau de ma face, arrachée. Mes épaules sont de la souffrance transformée en chair, du malheur incarné. Mais je tiens, je tiens, je tiens. Et je ris, je ris aux éclats. Rire mauvais. Ricanement. Surtout, surtout : ne pas montrer que j'ai mal, que je suis sur le point de perdre connaissance. Soit, soit ! qu'on m'abîme, qu'on me torture, qu'on me tue, tout, tout, tout, mais qu'on dise de moi : *une endurance à toute épreuve !*

---

[9] *Coran* L, 15.

Et sais-tu ce qui me torture encore plus que la souffrance physique ? Devant le ring, tous ces juges qui prennent des notes en vue de l'évaluation finale. J'ai le sentiment de passer devant les anges accusateurs de l'autre monde et que les tablettes sur lesquelles, de leurs plumes de fer, ils inscrivent leur réquisitoire sont faites de lanières détachées de ma peau.

A. B.- Allez, la semaine de stage prend fin. Tu sors de ton brouillard. Tes épreuves sont terminées. Tu te rends au rapport. Et là… ?

D. L.- Et là, je suis reçu par M. René Acquaviva, l'entraîneur du Bataillon de Joinville, catégorie boxeurs militaires. Il est rayonnant.

« - Assieds-toi, Djamel. J'ai de très, très bonnes nouvelles pour toi. Tu n'es pas un champion, non, mais ça on le savait. En revanche, au cours de cette semaine tu t'es révélé un bon boxeur. Tu en veux, tu t'accroches et, au final, tu relèves nettement le niveau général. Alors, écoute-moi : sur 60 candidats, tu sais quel classement tu as atteint ? Tu es douzième. Non, mais te rends-tu compte que tu es à seulement deux places des 10 qui vont être retenus pour aller au Bataillon de Joinville ? Toi, un petit gars venu de l'arrière-pays ! Eh bien, laisse-moi te serrer la main et te dire mon admiration ! »

Et moi, pâle, le souffle coupé, l'air lamentable et avec des bruits de ferraille dans la voix, je pleurniche : *« -Douzième. Et je ne suis pas pris. Alors quelle différence ça ferait si j'étais arrivé soixantième ? »*

M. Acquaviva jette les bras au ciel : *« - Comment quelle différence ? Mais enfin, le panache, Djamel, le panache, qu'en fais-tu ? Enfin, que diable ! on ne boxe pas seulement pour remporter des compétitions. »* Il prend un air pénétré : *« -On boxe d'abord et avant tout parce qu'on aime la boxe ! C'est un sacerdoce. Djamel, je ne te croyais pas comme ça, tu me déçois. »*

Je suis content d'apprendre que j'exerce un sacerdoce. Mais je suis déçu, et beaucoup plus déçu que M. Acquaviva car la ferraille m'attend d'ici un an, pas lui.

Et puis, je me sens couvert de honte, confus comme un enfant coupable. La confusion, c'est un état qui revient cycliquement lorsqu'on est arabe, parce que, à chaque échec, on a le sentiment d'avoir manqué l'occasion de démontrer qu'on vaut bien n'importe quel autre homme. Il y a comme ça des ethnies qui n'ont pas le droit à l'erreur ni à l'insuffisance.

Puis, M. Acquaviva m'informe de l'avantage qu'il y a à arriver douzième à l'issue de cette semaine de stage : *« - Il peut y avoir des défections. »* Un instant, mon œil s'allume et la ferraille s'éloigne de mon for intérieur. *« - Il y en a souvent ? – Jamais, tu penses. Tu imagines un sportif abandonner Fontainebleau pour aller faire ses classes dans l'épluchage de patates ? – Mais alors, pourquoi me parlez-vous de défections ? – Parce que c'est vrai qu'il peut y avoir des défections, c'est théoriquement possible. »*

C'est théoriquement possible, mais en pratique je retournerai travailler chez papa à l'issue de mes douze mois d'épluchage de patates. J'abandonnerai la boxe pour aller exercer un tout autre sacerdoce, un sacerdoce qui te fait maigrir et vieillir à vue d'œil, qui te vide de ta substance, te dépossède de toute envie de sourire à la vie et t'est rémunéré chichement et seulement quand il reste quelques sous dans la caisse, une fois payées les échéances de la banque.

Et, puis, advient ce qui était théoriquement possible, mais exclu en pratique. Deux défections. Pas une, ni trois. Non : deux. Juste ce qu'il faut pour laisser passer le petit canasson.

A. B. - La chance au compte-goutte. C'est un principe de théologie : la Providence divine s'exerce toujours avec une grande économie de moyens. Trois défections ou une, c'était la preuve que Dieu n'existe pas. Mais, là, mécréant ! il faut te rendre à l'évidence. Car l'approximation est du hasard et l'exactitude de la Providence.

D. L.- Toi, le jour où tu pourras t'empêcher de prêcher…

*

* *

André Benzimra. – Soyons sérieux. Tu es en train de sous-entendre que si ces deux défections ne s'étaient pas produites, tu ne serais jamais devenu champion de France ?

Djamel Lifa.- Ça ne fait pas l'ombre d'un doute. A l'issue de mes douze mois de service militaire, je retournais à Oraison et reprenais mes petits combats locaux, à la condition toutefois que le boulot me laisse le répit nécessaire pour m'adonner à une activité de loisir.

C'est vrai, je m'étais battu comme un forcené et j'aurais pu faire semblant de croire que ce qui m'arrivait était dû à mon mérite. Mais je sentais bien au fond de moi que j'étais le débiteur de Madame la Chance et que sans ce coup de pouce du Grand Architecte (deux défections !), c'en était fait de moi : je passais pour toujours aux oubliettes.

André, combien ai-je pu en rencontrer, des boxeurs méritants, et qui me valaient bien ! Ils auraient pu faire la carrière que j'ai faite, une plus belle encore, peut-être. Mais le coup de pouce ne s'est pas produit pour eux et ils ont disparu sans laisser la moindre trace dans les annales du sport. Pourquoi cette injustice ?

A. B.- C'est le mystère de l'élection.

Quoi qu'il en soit, le destin de tout homme tient, je crois, à un fil. Si la réussite vient à le couronner, il ne la doit jamais uniquement à son labeur, si acharné soit-il. Est requis également un petit coup de pouce venu d'ailleurs. Qui pourrait prétendre qu'il se suffit à lui-même ? Toutes les créatures ont besoin d'une aide extérieure pour subsister et s'épanouir.

Aussi, quand nous aurons achevé ce livre, mon cher Djamel, si nous restons en veine d'écriture, peut-être composerons-nous un ouvrage intitulé *« Vies des hommes illustres examinées du point de vue des coups de pouce qui les ont fait sortir du lot »*. En tous cas, d'ores et déjà nous nous adressons ici même à ceux qui, durant leur vie, ont accompli quelque chose de notable et nous disons à chacun d'eux : *« -Sois fier de ton effort. Mais souviens-toi aussi du coup de pouce qui t'a propulsé là où tu es. »*

*

*   *

Djamel Lifa.- J'intègre l'Ecole interarmées des Sports. Comparée à la semaine de stage que je viens de subir, la vie qui m'attend désormais est presque idyllique. Le cadre d'abord : l'E.I.S. jouxte la forêt de Fontainebleau, la championne, probablement, de toutes les forêts, le domaine des plus beaux arbres de France. Tu m'as parlé de ce grand écrivain africain qui espérait obtenir après sa mort une case au village des ancêtres[10]. Moi, de mon bâtiment B, réservé aux boxeurs, je disposais d'un balcon en Paradis.

Je me souviens des footings et des randonnées que j'ai faits avec d'excellents camarades, autant dire des frères, et qui étaient déjà des dieux du stade : David Ginola qui arrivait du Matra Racing ; le handballeur Jackson Richardson qui débarquait de sa Réunion ; le rugbyman Philippe Saint-André qui allait devenir capitaine du 15 de France. Et si je n'étais pas leur égal, du moins m'avaient-ils adopté pour mascotte. Je leur demandais : *« - Apprenez-moi comment on devient un grand comme vous. »* Pleins de bonne volonté, ils cherchaient comment m'aider de leurs conseils. Ils m'appelaient *le petit Marseillais,* parce que pour venir à Paris, je prenais le train à Marseille. L'habitude est venue ensuite de me chercher des sobriquets : du *petit Marseillais,* on est ainsi passé à *Monsavon.* Explication de cette dernière appellation : *« -Djamel se donne tellement de mal qu'il maigrit à vue d'œil comme un savon. »*

La discipline n'est guère pesante. La journée, nous vaquons en jogging à nos occupations (on n'est tenu à l'uniforme que pour les gardes et les sorties). Après six heures du soir, quartier libre jusqu'à deux heures du matin. Ou jusqu'à six heures, si accord de la sentinelle. Je découvre la forme citadine du Paradis : Paris (abréviation de Paradis), les monuments les plus

---

10 Djamel veut parler de l'écrivain congolais Aubert Kizito Ntite Mukendi, l'auteur des *Mythes fondateurs de la culture Luba* éd. Le Publieur, 2007).

majestueux du monde. J'apprends que moi aussi, comme mon frère Hacène, je suis aimé des femmes, et quelles femmes ! les Parisiennes, la quintessence de la féminité. Je m'essaie à faire le charmeur…

André Benzimra.- Et tu leur brises le cœur, animal !

D. L.- Mais non, c'est elles qui successivement me brisent le cœur. Quand on aime toutes les femmes, c'est terrible, la kyrielle de chagrins d'amour qu'il faut endurer. Ma vie sentimentale à Paris est une longue et douloureuse série de ruptures… et après cela de galopades effrénées pour arriver à temps à la caserne au lever des couleurs. Et flotte le jupon, et flotte le drapeau ! Entre les deux, mon cœur balance.

A. B. – Dis donc, toi, tu m'as l'air de retrouver ton âme de collégien. Est-ce que par hasard tu ne serais pas sur le chemin de la caserne buissonnière ?

D. L.- Ah ! pas du tout ! Pour rien au monde, je ne manquerais une minute d'entraînement. Au cours de cette semaine de stage, j'ai contracté une espèce de rage, un désir exacerbé de réussite. De surcroît, le cadre où se déroule l'entraînement est extraordinairement plaisant. La salle de boxe de l'E.I.S. est somptueusement équipée : pas un seul accessoire d'un rêve de boxeur ne lui fait défaut. Aussi, à peine ai-je mis le pied sur le ring que je m'envole à tire d'ailes, loin de Fontainebleau ; me voilà rendu tout de go à Chicago, où je dispute un championnat du monde. Les hallucinations se dressent autour de moi. Je suis environné de toutes les populations du monde ici réunies pour acclamer le king Lifa. Leurs clameurs ne forment qu'une seule voix : *Dja-mel ! Dja-mel ! Dja-mel !* Et ce Djamel-là, ô divine rencontre ! c'est moi-même ! Incroyable ! Je vais devenir fou tant je me sens d'importance ou éclater comme la grenouille qui se croyait de race bovine ! Proto est en train de me donner une leçon et s'efforce d'amortir les coups pour m'épargner une raclée, mais tralala lanlaire ! la poudre de perlimpinpin que mon imagination répand à foison sur la scène change la citrouille en carrosse et mes déboires en triomphe.

Et sous mes coups de boutoir, le grand Proto lui-même mord la poussière, vaincu par K.O. technique.

Mon ami Proto ! Mon frère ! Quand je lui fais part, le soir au souper, de mes exploits imaginaires, il sourit, mais sans se moquer. En vérité, l'énergie du désespoir que je déploie n'est pas sans l'impressionner. Souvent, il me rassure : *« - Non, je ne crois pas que tu finiras tes jours dans la ferraille. Tu es comme un petit roquet qui vous plante ses crocs dans le pantalon et ne lâche plus prise, quoi que vous fassiez. Ta boxe est brouillonne – en vérité, pour le moment tu fais n'importe quoi -, mais quand on brûle d'un feu semblable à celui qui t'anime, il n'y a aucune limite à l'espérance ! »*

Il parlait d'espérance. Et de fait, l'espérance était alors dans l'air du temps. Nous étions en novembre 1988 et les sportifs de l'E.I.S. abordaient une période cruciale de leur carrière. Les Jeux olympiques de Séoul venaient de s'achever. Les vainqueurs étant passés professionnels, les équipes se retrouvaient vides. Il était donc urgent de les reconstituer en vue des jeux suivants qui devaient se dérouler en 92 à Barcelone. Et, bien entendu, une bonne partie du recrutement allait se faire en puisant dans ce vivier que représentait le Bataillon de Joinville. Tu devines quelles étaient nos visées, nos espérances et aussi nos angoisses.

Mais avant de songer à obtenir une présélection pour Barcelone, il faut d'abord participer aux championnats du monde militaires qui doivent avoir lieu au Caire fin novembre 88. M. Acquaviva doit sélectionner trois d'entre nous. En fait, Proto est sélectionné d'office : c'est sa dernière compétition amateur, il doit passer professionnel. Au total, deux boxeurs restent donc à désigner au terme d'une série de test-matches.

Au cours d'un de ces tests, je suis confronté à Proto lui-même… dont les coups me semblent étrangement faciles à encaisser. Contre toute vraisemblance, je fais jeu égal avec lui, ce qui m'ouvre les portes du Caire. Il me dit : *« - Il faut croire que j'étais au plus bas de ma forme ou toi au meilleur de la tienne. »* Mais, moi, je me demande si ce grand champion n'a pas tout simplement voulu aider le petit roquet à obtenir son passeport.

Je passerai rapidement sur la marche triomphale que j'accomplis ensuite. Les trophées qu'on remporte sur les rings ne sont intéressants que lorsqu'ils sont d'actualité. Le parcours d'un boxeur n'a aucun intérêt historique. Il est le héros d'un instant fugitif. Les dieux des stades et des rings n'habitent pas l'éternité. Dans cette éternité-là, il n'y a de place que pour Dieu seul (s'il existe).

A. B.- En termes de théologie, vous autres, gloires des rings, vous êtes, non des dieux, mais de simples idoles.

D. L.- Tout juste. De dérisoires idoles. Et je n'oublie pas, mon cher André, que c'est à l'itinéraire d'un Franc-Maçon, autant dire au parcours d'une âme, que tu as voulu consacrer ce livre d'entretiens. C'est pourquoi je ne m'attarderai pas dans la contemplation de mes lauriers.

En Egypte, la présence, dans la solitude des sables silencieux, des Pyramides hiératiques et des Sphinx énigmatiques était bien autre chose que nos petits combats dans les salles enfumées et criardes, vaine agitation d'insectes englués dans un papier tue-mouches. Je me souviens qu'une après-midi, j'ai médité auprès de ces géants sur l'étendue de mon insignifiance.

Au Caire, j'ai été opposé à un Américain nommé Mitchell qui devait devenir champion du monde. Il m'a vaincu. Mais mal, de justesse : trois juges se sont prononcés pour lui, deux pour moi. Ce n'était pas ce qui s'appelle une victoire sans conteste. Vois-tu, nous parlions tout à l'heure de coup de pouce. Eh bien, cette défaite, qui a frôlé le jeu égal, ça a été pour moi comme un coup de pouce à l'envers et qui, autant que l'autre, le coup de pouce à l'endroit, a fait de moi le débiteur de la Providence.

Car voici : cette défaite de justesse contre un si grand champion, elle me galvanise, elle décuple mes forces, elle exaspère ma volonté. J'acquiers une assurance, une audace à toute épreuve. Je viens de comprendre que mes adversaires ne sont pas d'une espèce supérieure à l'espèce humaine : ils n'ont que deux bras et deux jambes, pas un, pas une de plus que moi.

Durant les deux ans qui vont suivre, je ne perdrai pas un seul de mes combats. La métamorphose est consommée : j'ai rejoint le cercle des favoris. Le petit canasson a rué dans les brancards et les a fait voler en éclats.

VI

A la croisée des chemins

Djamel Lifa.- Après le Caire, fin janvier-début février 1989, ce sont les championnats de France amateurs. Le plus haut degré de surmenage que j'aie jamais connu. Les matches se suivent en rang serré, ne me laissent aucun répit. Je cours me battre ici, là, ailleurs, en différents endroits de France (je ne saurais plus dire lesquels : villes, adversaires défilent comme des fantômes dans un rêve… je me souviens seulement d'un match à Montargis…) et chaque fois je rentre à Fontainebleau épuisé, mais avec un trophée de plus.

Or, durant cette période, il se produit en moi une singulière métamorphose que je mets, je ne sais pourquoi, en relation avec l'approche de l'hiver. Après l'été radieux de mes premiers combats, voici que j'entre dans la saison où le ciel tourne et avec lui la couleur des feuilles d'automne. Il y a des bêtes qui se retirent dans leur carapace et hibernent. Moi, j'hiberne dans mon métier. Celui-ci devient comme machinal. Je boxe, mais j'oublie pourquoi je boxe. Je veux dire : ce n'est plus intéressé, les grandes ambitions sont comme défuntes. Je boxe, c'est tout : les gestes ne sont plus que des gestes, sans rien autour. Et cet état d'esprit perdure alors que je cours de victoire en victoire, alors même que je me qualifie pour la finale et mieux encore, lorsque, fin février 89, à Conflans-sainte-Honorine, je suis proclamé champion de France des poids plume. Peut-être les paroles de M. Acquaviva ont-elles fini par faire leur chemin au fond de moi : peut-être mon activité sportive est-elle devenue à mes yeux un sacerdoce. Quoi qu'il en soit, j'ai cessé de me battre pour échapper à un sort qui me répugne : l'entreprise paternelle ; ce qui m'anime, désormais, ce n'est même plus mon amour pour ce sport, la passion que j'ai conçue pour lui. Ni même la volonté d'être le plus fort, le meilleur. Non. Je boxe pour boxer, comme si j'accomplissais je ne sais quelle mission dont je serais investi. Le tout, dans une espèce d'état second ou d'extase, je ne saurais dire. D'abrutissement. Peut-être bien d'abrutissement. Je ne suis plus un boxeur, je suis la boxe… non, la boxe, c'est encore un trop grand mot, c'est de l'emphase : je suis devenu un poing. Allons donc ! même pas un poing : un gant. Malgré la force, l'énergie que je déploie, je me suis changé en une chose inerte et j'ai pris place parmi les objets inanimés.

Peut-être les coups, que j'encaisse à longueur de journée, de semaine, de mois, sont-ils pour quelque chose dans cet état. Imagine, si tu peux : tu sors du ring dans un état voisin de la stupeur ; même la proclamation de ta victoire ne réussit pas à te rendre l'esprit (d'ailleurs, est-ce que tu te rappelles seulement le sens de ce mot : victoire ?) ; dans un brouillard, tu entraperçois qu'on te reconduit à ton hôtel, qu'on te hisse dans l'escalier (parce que tes jambes sont devenues inutilisables), qu'on t'aide à t'étendre sur ton lit. Tout ça a des allures de veillée funèbre. On chuchote autour de toi comme si tu étais agonisant, au minimum gravement malade. Et le lendemain, tu te réveilles le visage en bouillie et dans la tête, le vide complet, l'amnésie. Et tu demeures là, figé, pétrifié face à un monstre inconnu monté des profondeurs cachées du miroir pour chercher de ses orbites vides ce qu'il te reste de regard. Il te faut de longues minutes avant de te remémorer qui tu es et ce qui s'est passé la veille.

André Benzimra.- Je n'imaginais pas à quel point ce métier peut devenir un supplice.

D. L.- Qui te parle de supplice ? Mais non, mais pas du tout ! Tu es dans un état second. Donc la souffrance même devient théorique. Tu sais que tu as mal, mais tu ne ressens pas vraiment la douleur. Au contraire, durant toute cette période des championnats de France amateurs, il y a des moments, des moments fréquents, d'une sorte de… jubilation. Je me sens plein d'amour.

A. B. *(dresse l'oreille)* - Pour qui ?

D. L.- Je n'en sais rien. Je me sens plein d'amour, point c'est tout. Plein de reconnaissance.

A. B. *(l'air entendu)*- Oui…

D. L.- Tu sembles comprendre ce que je t'explique alors que je ne le comprends pas moi-même.

A. B.- Pas plus que toi, je ne comprends ces choses-là. Elles me sont familières, voilà tout. L'homme peut agir sans raison. Il est également capable de sentiments sans objet. L'angoisse, par exemple : on a peur, mais on ne sait pas de quoi. C'est une peur devant rien. Il y a aussi un amour sans objet, qui ne sait où se poser, quelle personne ou quel objet élire. Bien sûr, c'est une prédisposition à aimer le monde entier, à vivre en symbiose avec tout et tous. Mais même le monde entier ne suffirait pas à épuiser cet amour-là. Il y a aussi une reconnaissance sans objet : tu ne sais même plus à qui tu es redevable… Alors, bien sûr, on peut dire que c'est Dieu que l'on aime, que c'est à lui qu'on voue notre reconnaissance. Mais comme on ne sait pas ce que c'est que Dieu, autant dire : *Je me sens plein d'amour, plein de reconnaissance. Pour qui ? Je n'en sais rien.* Ce sont là des expériences mystiques, des expériences au cours desquelles on ne sait pas à quoi l'on pense, ce que l'on sent, ce qui se passe, qui l'on est vraiment.

D. L.- Des expériences religieuses ?

A. B.- Le qualificatif est réducteur. Des expériences inqualifiables, dirais-je plutôt. Le mystique est au-delà de la croyance et de l'incroyance. Si tu es athée, tu diras que tu fais l'expérience du rien. Si tu es croyant, que tu fais l'expérience de Dieu. Mais au fond, c'est la même chose car c'est le Mystère absolu, le *Mysterium magnum,* que tu expérimentes.

D. L.- Et tu dis que ce sont là des sentiments propres à l'homme. Qu'est-ce que tu en sais ?

A. B.- Tu as raison : je n'en sais rien. Peut-être, après tout, que la couleur pourpre d'une feuille d'automne est sa façon à elle d'affirmer la reconnaissance qu'elle éprouve du fait qu'elle appartient au monde des vivants. Elle pousse sa rousseur au paroxysme et puis s'en va, balayée comme toutes ses sœurs, au cimetière des feuilles mortes. Il y a des insectes dont la durée de vie n'excède pas quelques secondes : ils naissent, voient la lumière et s'éteignent, comblés. Ils n'ont pas eu le temps d'apprendre à qui s'adressait leur remerciement d'avoir vécu.

D. L.- Comment un si petit animal – ou bien encore un simple boxeur – peut-il éprouver des sentiments aussi grandioses ?

A. B.- Ils vivent tout simplement. C'est un cadeau exorbitant qu'ils ont reçu. Ils sentent bien que, quoi qu'ils fassent, ils ne pourront jamais rendre la politesse.

Mais laissons là ces mystères : nous finirions par nous prendre au sérieux. Raconte-moi plutôt comment s'est achevé ton service militaire.

D.L.- Aux Internationaux de France qui se tiennent à Saint-Nazaire, j'obtiens la médaille d'or et je reçois ma décoration du chef du Bataillon de Joinville, le colonel Dumangel en personne. C'est l'apogée de mon service militaire. Ces quelques mois passés au B.J. ont fait de moi l'un des dix meilleurs mondiaux amateurs.

Avec trois autres gars, je suis sélectionné pour le championnat d'Europe à Athènes. Où je vais être battu dès le premier tour par Kirkor Kirkorov, un Bulgare qui deviendra plus tard un grand champion et le plus redoutable de mes adversaires à venir. Mais cela ne va pas changer grand-chose à mon destin. Un boulevard s'est ouvert devant moi et j'y suis définitivement engagé. C'est dit : je ferai une carrière de boxeur professionnel.

A. B.- Tu redeviens civil…

D. L.- C'est le retour au réalisme. Car c'est bien joli d'envisager une carrière de boxeur, d'entrer dans l'équipe de France sous la houlette de René Acquaviva qui en est devenu l'entraîneur, de dresser des plans de campagne avec lui… Mais, un boxeur, ça n'a pas la garantie de l'emploi. Qui sait ? Tu peux perdre un bras, tu peux perdre la forme, tu peux déplaire à ceux qui président à ta destinée. Du jour au lendemain, tu peux te retrouver interdit de séjour sur les rings. Le succès, c'est une bulle de savon : ça peut éclater d'un seul coup, sans crier gare. Donc, je cherche un emploi dans une mairie en collectivité territoriale pour m'occuper d'enfants. Un instant, j'ai cru que M. Vitobello allait pouvoir m'obtenir un poste à Manosque. Mais ça n'a pas marché et, finalement, c'est Youbi Ramdane, un entraîneur d'Istres, qui, ayant appris que j'étais en quête d'un emploi, me procure un poste à la mairie de sa ville. Pour moi, c'est une nouvelle consécration : Istres est la reine des sports ; elle a été élue la plus sportive des villes de France.

Je dois dire au passage quelques mots de Youbi qui a été jusqu'à sa mort mon entraîneur et mon ami. Une étrange ressemblance avec mon frère Randall me le rendait encore plus cher. Tout au long de cette partie de ma carrière qu'il a suivie, il a apaisé toutes mes angoisses, tempéré tous mes emportements. Il a été mon guide de sagesse. Hélas ! les bienfaits de sa sagesse, il savait les répandre sur les autres, pas sur lui-même. Je ne sais quelle blessure secrète minait un être aussi chaleureux. En 2004, on devait le retrouver pendu dans son garage. Il n'a jamais quitté mon souvenir. Son épouse et ses enfants me sont restés chers.

Cela dit, quand j'ai dû quitter le club de Villeneuve, pour m'en aller à Istres, à cent vingt kilomètres de là, la page n'a pas été facile à tourner. En vérité, ça a été un déchirement. La tristesse de Gaëtan Vitobello en me voyant partir ! Ma honte de préférer la sécurité de l'emploi à l'affection qui nous liait l'un à l'autre ! Que n'a-t-il fait pour moi, ce bon maître ! Que d'encouragements, de consolations il m'a prodigués ! Que de fois l'espérance a fait battre ensemble nos deux cœurs ! Que de fois avons-nous pleuré de déception dans les bras l'un de l'autre ! Hélas ! Gaëtan, tu étais mon ami, mon père, mon tout, et je t'ai tourné le dos simplement pour assurer ma pitance. Un jour, je me suis détourné de toi et depuis lors, je ne t'ai plus jamais revu. Parfois, il m'arrive de rencontrer ta fille dans les rues d'Oraison et je m'enquiers timidement de tes nouvelles. Car ton absence est comme un trou béant au milieu de mon cœur. Pardonne, pardonne-moi si tu peux. Ce serait si bon de retrouver notre affection d'autrefois.

A. B.- Parle-moi de ta vie à Istres, des fonctions que tu y exerces. Te voilà éducateur. C'est un changement considérable.

D. L.- Un éducateur qui n'éduque personne. Mon emploi est tout à fait théorique. En réalité, on me paye pour m'entraîner. Etre rémunéré pour faire ce qu'on aime, quelle injustice ! mais, avouons-le aussi, quel bonheur ! C'est comme si on te récompensait d'avoir été récompensé. Puis, j'étais accoutumé à voir chaque sou se faire longuement prier avant de tomber dans mon escarcelle et voici que tout à coup, l'argent fond sur moi comme une giboulée. Il en pleut de tous les côtés. L'équipe de France me verse un salaire mensuel, la mairie d'Istres me rémunère un travail que je ne fais pas et me loge dans un appartement de fonctions dont je ne paie même pas l'électricité. Comme je suis en contrat pour les jeux de Barcelone, je me vois allouer une indemnité mensuelle de... je ne sais plus combien. Les journaux, et pas les petits de province, mais les grands formats comme *l'Equipe,* sollicitent des interviews, cachets à l'appui. Au total, je perçois chaque mois cinq, six millions anciens, peut-être davantage : le percepteur le sait, moi non, je n'ai pas l'habitude de gérer de telles sommes. En outre, je suis reçu partout, chez les maires, les préfets, les présidents d'associations sportives, les directions de journaux, autant dire nourri gratuitement. Il n'y a que mes lessives qu'on n'a pas pensé à me rembourser. Enfin, je suis environné de gens qui rivalisent de prévenances : un champion, c'est fragile, c'est délicat ; il faut lui épargner tout souci, toute contrariété, afin qu'il parvienne jusqu'à son ring en bon état.

A. B.- Et ton père, quelle est sa réaction face à cette vie facile qui échoit à son fils ?

D. L.- Il dit à qui veut l'entendre que je suis sa médaille vivante, mais tout de même il ne peut se défendre d'une certaine inquiétude. A ses yeux, on ne mérite son salaire que si on a trimballé le tas de ferraille correspondant. Si tel n'est pas le cas, c'est qu'on vole le bon Dieu. Sa conviction est que les réussites fulgurantes et la vie facile finissent tôt ou tard par se payer chèrement.

A. B.- Et toi, partages-tu cet avis ?

D. L.- Mon avis est que dans ce métier qui est le mien, on rencontre tôt ou tard son maître et si celui-ci n'est pas un être de chair et de d'os, c'est tout simplement l'âge de la retraite. D'une manière ou d'une autre, à la fin des fins, tout Napoléon est confronté à son Waterloo et tout champion finit par raccrocher ses gants. Mais que la bonne fortune soit éphémère, ce n'était point tant ce qui préoccupait mon père. Ce qu'il redoutait pour moi, c'était le déficit en moralité qu'occasionne l'argent, particulièrement lorsqu'il afflue entre les mains d'un homme habitué à la pauvreté. En effet, un nouveau riche devient volontiers avide de consommer car sa pauvreté d'hier lui a laissé une faim insatiable. Le voilà donc qui se roule dans toutes les voluptés. Et d'autre part il a vite fait de s'enorgueillir d'une richesse si promptement acquise. Et le voilà qui verse dans l'arrogance et la fanfaronnade.

Avec Khalid Rahilou, mon complice, on court les dancings, notamment la discothèque tenue par mon ami, l'entraîneur Youbi Ramdane. Les filles nous assiègent. On s'éreinte à leur faire l'amour. On coche un trait sur l'ardoise de nos voluptés victorieuses, puis : à la suivante !

On traîne la nuit dans des bars aux lumières tamisées où nous faisons l'apprentissage de l'alcool. Heureusement, moi, je saurai m'arrêter au bord du précipice. Combien d'autres y ont roulé ! L'alcool ! la drogue ! Deux ennemis qui guettent les sportifs. Car ils sentent bien que leur gloire est suspendue à un fil et que ce fil va finir par casser. Alors, par avance, ils noient leur chagrin à venir.

Mais pour l'heure, foin des avenirs où l'on dessaoule, c'est le temps du bonheur – ou de son ersatz. Aussi infatués de nous-mêmes que des têtes à claques, nous jouons les stars vingt-quatre heures sur vingt-quatre. Sur toutes les scènes où l'on fait le beau, radios, télévisions, salles de conférence, nous émargeons présents. L'orgueil est une fleur qui n'a pas besoin d'être beaucoup arrosée pour pousser en luxuriance.

Et puis la griserie des voyages, même si les combats ne nous laissent pas le temps de jouer les touristes. Moscou, l'Indonésie, l'Australie, Venise, Mexico, Miami : de ton avion qui va atterrir sur ces capitales de rêve, tu domines le monde. Et, partout où tu passes, la Marseillaise qu'on joue en ton honneur. Et, pour finir, le retour à l'aéroport Roissy - Charles- De Gaulle et l'émotion de retrouver Paris, désormais mon bercail.

Revoir Paris
Un p'tit séjour d'un mois
Revoir Paris
Et m'retrouver chez moi…
Quelle joie inouïe.

Tous les plaisirs, tous, excepté ceux de la bonne chère, bien entendu, parce qu'il est impératif de maintenir tes 57 kg pour tes 1m 78. Tu manges au gramme près ; tu te pèses quasiment à chaque bouchée.

Voilà, mon cher André, tu parlais tout à l'heure d'un Djamel mystique. Hélas ! s'il ne se reprend à temps, le voilà qui va, comme Lucifer, tomber de la lumière dans un cul de basse fosse.

A. B.-En somme, te voilà pris dans les hésitations de la lettre G.

D. L.- Plaît-il ?

A. B.- En Maçonnerie, existe le symbole de la lettre G, laquelle, dit-on, dérive d'une lettre grecque, *gamma*, laquelle s'écrit ainsi :

γ

Et l'on dit qu'elle figure la croisée des chemins, les deux routes presque jumelles dont l'une, celle de droite qui est toute droite, conduit au bien et l'autre, celle de gauche qui est tordue, au mal. Hercule pris entre le vice et la vertu. Voilà ce qu'il en est à cette heure de notre ami Djamel : il est à égale distance de l'Enfer et du Paradis.

Mais dis-moi quel a été le coup de pouce qui t'a en fin de compte fait pencher du bon côté.

D. L.- Je crois que c'est une rencontre que j'ai faite une après-midi dans les quartiers pauvres de Djakarta. J'errais dans la ville, anxieux et déprimé, parce que je ne me sentais pas l'âme d'un vainqueur face à l'adversaire que j'allais avoir à affronter ce soir-là. Dans un recoin, entre deux maisons crasseuses, il y avait quelque chose comme une hutte, une hutte qui avait l'air d'être en haillons tant elle était bricolée avec toutes sortes de débris végétaux, de chiffons, de ferrailles informes. A l'intérieur, j'entraperçois un loqueteux qui me fait signe – du moins ai-je l'impression qu'il me fait signe. J'entre et tends ma pièce. Il la refuse aimablement. Il me dit que, en me voyant passer, je lui ai semblé préoccupé et il s'inquiète de mes problèmes existentiels, lui qui n'a que des soucis vitaux. Confus, je lui explique que je crains de perdre mon match. Il secoue la tête. Que me dire ? Il ne peut que former des vœux pour ma victoire. Il compatit vraiment à mon tourment, cherche les mots qui vont me redonner confiance en la vie. Tout à coup, son visage s'illumine et je sens qu'il les a trouvés, ces mots. Il me contemple avec intensité comme s'il scrutait les tréfonds de mon être et les horizons lointains de ma destinée. Et il me dit : *« Ne t'en fais pas, ne t'en fais pas du tout ; un jour, tu seras comme moi. »*

Le soir, j'ai gagné mon combat. Mais le lendemain, j'ai eu beau fouiller les bas quartiers de Djakarta, je n'ai plus retrouvé cette habitation de fortune ni son locataire. Il n'y a que les beaux quartiers où l'on puisse se repérer car ils se distinguent les uns des autres ; une ruelle de pauvre est toujours indiscernable d'une autre. J'ai donc parcouru les labyrinthes de la sagesse sans retrouver l'humble demeure où elle se cache. Pourtant, si je dois finir mes jours dans cette hutte, comme il semble qu'on me l'ait prophétisé, il faudrait tout de même que je puisse en retrouver l'adresse.

VII

Aux Jeux Olympiques.-
Dans les filets du Grand Architecte[11]

André Benzimra.- Tu crois vraiment que tu iras finir tes jours à Djakarta ?

Djamel Lifa.- Non, bien sûr. C'est une pseudo-croyance, une croyance-fétiche. Chaque fois qu'il m'arrive un coup dur dans un domaine quelconque, je me console en me disant : *« Bah ! quelle importance ? Après tout, ce n'est pas ici que je vais perdre la vie puisque c'est dans les ruelles obscures de Djakarta que je dois aller conclure mon destin. »*

A. B.- C'est ta case réservée au village des ancêtres ?

D. L.- En quelque sorte.

A. B.- Et en attendant ce grand retour au pays de la sagesse, que fais-tu à Istres ?

D. L.- Eh bien, je m'exerce. Je travaille en vue de me classer parmi les quatre meilleurs européens qui doivent participer, en 92, aux Jeux olympiques de Barcelone. Le tournoi international destiné à sélectionner ces quatre candidats a lieu à Berck sur mer et, dans ces quatre, je me classe premier.

Sans aucun effort. Comme en me jouant. Ces victoires sont d'une facilité déconcertante, invraisemblable. Les dieux – ou les démons - sont avec moi et on dirait qu'ils font le travail à ma place. J'ai à peine besoin d'effleurer l'adversaire, aussitôt il s'efface comme un fantôme et place au suivant… Sous la

[11] Allusion à la parole du Christ comparant les poissons pris dans les filets des pêcheurs à des incroyants revenant à la foi : *« Comme il marchait le long de la mer de Galilée, il vit deux frères, Simon, appelé Pierre, et André, son frère, qui jetaient un filet dans la mer ; car ils étaient pêcheurs. Il leur dit: Suivez-moi, et je vous ferai pêcheurs d'hommes. »* (*Saint Matthieu* IV, 18-19).

douche, dans les vestiaires, je surprends des regards chargés de crainte qui se posent sur moi. Les entraîneurs, les soigneurs me manipulent comme un objet d'art. Je surprends autour de moi des chuchotements qui parlent de mon destin. Du coup, je fais une rechute sévère dans la maladie de l'*ego.* Mon orgueil se gonfle tant qu'il menace d'éclater et de me disperser aux quatre vents. Et tout à mon exaltation, c'est à peine si je prête attention aux regards des vaincus, à la déception qu'on peut y lire, tant de déception après tant d'espérance ! Et je n'ai pas pitié, non, pas un gramme de pitié, pour cette peine infinie où ils s'abîment. Moi, le sorti du lot, je n'ai cure de mes pairs, de mes semblables malheureux, de mon prochain désespéré. Moi qui vais m'envoler vers l'azur avec la crème des sportifs dans les avions spécialement affrétés pour la délégation française à Barcelone, je n'ai pas un élan de tendresse, pas une main fraternelle, pour ceux qui vont être renvoyés dans les ténèbres extérieures. Plusieurs d'entre eux, alignés sur mon passage, humblement me félicitent, m'encouragent, s'attardent pour tenter de fixer leur image dans ma mémoire, mais je leur refuse même ce succédané de gloire et je passe. Eux dont l'étoile, un moment, a paru briller au firmament, ils sombrent déjà dans l'anonymat et dans l'oubli. Non, pas un gramme de pitié. Dans le bonheur d'un homme comblé il n'y a pas beaucoup de place pour les indigents de la chance. O cœur sans compassion, est-il possible que tu ne doives aucun compte pour ces crimes imperceptibles que tu commets ? Dans ce lieu définitif où l'on arrive après qu'on a une fois pour toutes raccroché ses gants, y a-t-il quelque chose comme une pesée des âmes ? Si tel est le cas, à quel prix estimera-t-on la mienne ? Il est à craindre qu'on ne la juge comme de peu de consistance. Dieu (si tu existes), pardonne, je te prie, au poids plume sa légèreté !

Toi, André, y crois-tu, à cette espèce de tribunal d'outre-tombe ?

A. B.- Oui, mais, semble-t-il, je ne me le représente pas exactement comme toi.

D. L.- Comment alors ?

A. B.- Il paraît que l'agonisant voit défiler sa vie entière en un instant qui ne dure pas. Il a le sentiment de la contempler, là, toute entière, au-dessous de lui, en vue panoramique. A mon avis, c'est parce que le juge devant lequel il va comparaître, c'est lui-même. Il en va de la mort physique comme de la mort symbolique – la mort à la vie profane - que tu as affrontée lors de ton initiation maçonnique. On t'a présenté alors un miroir parce que tu étais appelé à comparaître devant toi-même.

D. L.- Alors, dans ce tribunal suprême de l'au-delà, le Juge, c'est moi-même ?

A. B.- Pas seulement le juge. Le procureur, l'avocat de la défense, les membres du jury, les témoins à charge et à décharge, et même le public. Tout ce monde-là, c'est toi-même.

D. L.- Tu le penses vraiment ?

A. L.- Je le crois.

D. L.- Et sur quoi fondes-tu cette croyance ?

A. B.- C'est que je prends au sérieux ce que nous enseigne la Franc-maçonnerie.

D. L.- Et que nous enseigne-t-elle sur ce sujet ?

A. B.- Au troisième degré, elle nous relate la légende de l'architecte Hiram. Il a été assassiné et enterré dans une sépulture secrète par les trois mauvais compagnons. Neuf frères enquêteurs se mettent à sa recherche sous l'œil attentif des Francs-maçons demeurés sur les colonnes, en observateurs. Or, on nous enseigne que chaque Maître maçon est à la fois la victime, les assassins, les suspects, les enquêteurs et naturellement le public.

D.L.- Jamais, même dans un roman policier, un seul homme n'a pu tenir tous ces rôles à la fois. Comment concevoir que dans l'au-delà, tous les rôles, y compris celui du Juge suprême, soit tenu par un seul et même acteur ?

A. B.- C'est que, dans ce monde de la vraie Réalité, il n'y a plus qu'un seul et même Etre, un, indivisible. C'est seulement de ce côté des choses, dans la sphère de l'illusion dont nous sommes les locataires, que les êtres semblent distincts, séparés et souvent opposés les uns aux autres. Un jour, l'illusion se dissipera. Alors, s'opérera le grand rassemblement de ce qui, auparavant, dans toute la suite des siècles, était épars.

Mais venons-en à l'autre rassemblement, plus terre-à-terre celui-là, celui que tu rejoins à Barcelone.

D. L.- Je me retrouve aux Jeux olympiques, moi, le petit boxeur d'Oraison. Moi qui cent fois ai échappé de justesse au rancart des laissés pour compte, voici que je participe à un événement planétaire. Mes parents ont été contraints par la nécessité de changer de pays. Moi, leur fils, je deviens celui qui modifie les pays, transforme leur géographie. C'est que, mon cher André, pour nous recevoir, Barcelone a bouleversé son urbanisme de fond en comble. Elle est devenue un port, exprès pour nous installer au bord de la mer, près de la Barceloneta, la Barcelone en miniature réservée aux pêcheurs et aux marins. Dominé par la gigantesque tour de transmission, conçue spécialement pour les Jeux par l'architecte Calatrava, le village olympique est un lieu hors du monde, quelque chose comme le Beverly Hill des acteurs de cinéma ou le huis clos des dieux de l'Olympe (c'est le cas de le dire). Ses bâtiments ne sont pas de simples habitations locales, ils s'appellent *France, Egypte, Etats-Unis,* etc... Séjournent ici, non des êtres humains, mais des symboles, des légendes, des mythes. Des êtres qu'on connaît à la fois par leur identité et leur surnom : Karl Lewis, l'un des sprinters les plus rapides de tous les temps ; l'équipe de basketteurs américains, la *Dream Team,* emmenée par l'immense Michaël Jordan, le magique Magic Johnson ; les prestidigitateurs du ballon rond que sont Larry Bird et Charles Barkley : en huit matches, l'équipe américaine va marquer 117 points en moyenne sans le moindre temps mort ; il y a aussi le perchiste ukrainien Bubka, l'escaladeur du ciel ; la jamaïcaine Marlène Joyce Ottey, la fille-éclair qui court plus vite que la foudre. Et que d'autres... que d'autres ! Ma mémoire en déborde. Voilà à qui appartiennent les mains que tu serres, les coudes que tu frôles en passant, les sourires qui viennent à la rencontre du tien, voilà quels sont tes *co-pains* - les gens avec qui tu partages le pain de midi. Et dans ce festival de la renommée, il n'y a plus de temps. Ou plutôt le temps est suspendu, comme toutes les respirations, dans l'attente des compétitions qui vont incessamment se dérouler. Bref, c'est dans un lieu de rêve que les fées t'ont transporté. De surcroît, tu peux satisfaire tous tes besoins gratuitement. Tu as soif, tu as faim, tu as besoin d'un rasoir, tu veux lire les journaux, tu as envie d'écouter un disque, que sais-je encore ? Tu entres dans la boutique adéquate et tu te sers sans autre forme de procès. Tu es chez toi. Et enfin, et surtout, tu assistes en direct et aux premières loges à toutes les compétitions.

Lorsque, en finale du 1500 mètres, la petite Algérienne Hassiba Boulmerka (un canasson dans mon genre) vient dépasser à deux cent mètres de l'arrivée l'immense championne russe Lyudmila Rogacheva et ne lâche plus un seul pouce de terrain jusqu'à l'arrivée, je suis là, frappé comme par la foudre, au milieu d'une foule qui n'en croit pas davantage ses yeux, ses milliers de paires d'yeux.

Quand, à l'ultime seconde du 1500 mètres masculin, surgit brusquement du néant un compétiteur inconnu, Fermin Cacho Ruiz, qui coiffe tout le monde au poteau, je suis à deux pas. Car ces Jeux sont ceux des canassons triomphants et mes espoirs grandissent de faire bientôt partie de cette confrérie.

Quand, dans le dernier tour du 10.000 mètres, Derartu Tulu arrache la victoire en athlétisme et rapporte à l'Afrique noire sa première médaille féminine, je suis sur les gradins. Et lorsqu'elle effectue son tour de stade, main dans la main, avec Elana Meyer, la Sud-Africaine blanche, pour célébrer leur victoire, ma voix se mêle à celle qui s'élève du Village tout entier.

Oui, je fais partie du grand délire d'universalisme qui ce jour-là soulève Barcelone de son socle ; ma voix participe à l'immense clameur expédiée de l'autre côté de la Méditerranée en faveur d'une Afrique fraternelle. Oui, et dans cette folie collective, une hallucination gigantesque s'empare de nous tous, du moins il me le semble, oui, l'illusion d'entendre, comme en réponse à notre clameur, la voix unifiée, toutes races confondues, de la lointaine Afrique du Sud et cette voix traverse les montagnes, les eaux, les déserts et les oasis pour parvenir jusqu'à nous.

L'universalisme est, je crois, un point commun aux sportifs et aux Francs-Maçons. Et je gage que Barcelone fut cette année-là un des hauts lieux où commença de se forger l'âme de quelques-uns des Francs-Maçons du vingt-et-unième siècle.

Ah ! c'était fabuleux !

A. B.- Et les sportifs, comment se comportent-ils entre les épreuves ? Sont-ils liants ou réservés ?

D. L.- Nul ne peut ignorer que celui qu'on côtoie aujourd'hui sera demain l'adversaire. Malgré la fraternité qui en toutes circonstances unit les sportifs, à Barcelone la tension est visible. On observe à la dérobée celui qu'on va affronter, on le scrute comme si à quelque signe imperceptible on pouvait deviner le défaut de sa cuirasse. Les conciliabules vont bon train : on s'informe les uns sur les autres. Le *curriculum vitae* de chacun est épluché. On dresse le tableau de ses atouts, de ses faiblesses. On refait cent fois les évaluations, les pronostics. On s'efforce de mathématiser... ce qui ne peut pas l'être puisque les canassons capables de rattraper les grands chevaux sont par nature imprévisibles.

A. B.- Encore ces calculs conservent-ils une apparence de rationalité. Mais je suppose que par ailleurs les pratiques ouvertement superstitieuses doivent fleurir.

D. L.- En effet. Aux abords du bâtiment de l'Algérie, on croise un musulman qui égrène les grains de son chapelet : il mobilise, ni plus ni moins, les 99 Noms d'Allah pour gagner sa course. Ailleurs, un boxeur italien, sans discontinuer, enchaîne compulsivement les signes de la croix à s'en meurtrir le front, le plexus et les épaules. Plus loin, on voit un juif qui a revêtu sa kippa, son talith et ses tefillin pour sanctifier le javelot qu'il va lancer tout à l'heure. Mais il y a aussi les laïcs, bien au-dessus quant à eux de ces bondieuseries. Parmi eux ceux qui font de l'équilibre à l'extrême bord des trottoirs : s'ils s'y tiennent, leur match sera gagné ; gare s'ils posent le pied sur la chaussée. Il y a ceux qui sont rasés de près, coiffés exactement, aspergés de parfums, délicats, mais revêtus d'un tee-shirt repoussant de saleté : ils ne sauraient s'en départir car c'est celui qu'ils arboraient le jour où ils ont remporté tel titre.

A. B.- Si je comprends bien, chacun n'a de souci que de sa réussite. Ce terrain des Jeux Olympiques me paraît réservé à la monoculture des *ego*. Eh bien ! pardonne-moi, mais tu me présentes une image assez peu reluisante de ces sportifs.

D. L.- Ne juge pas trop sévèrement leurs travers. Songe à ce que j'ai dit tout à l'heure de cet enthousiasme universaliste qui soudain peut s'emparer d'eux et les changer en une statue faite d'un seul bloc, par exemple lorsque deux Africaines, l'une blanche, l'autre noire s'avisent de fraterniser.

Ne perdons pas de vue que la société olympique, a pour étendard le drapeau aux cinq anneaux entrelacés, symbole de l'union des cinq continents. Un symbole, soit dit par parenthèses, étrangement semblable à la chaîne d'union maçonnique dans laquelle les Frères, bras entrecroisés, se tiennent par la main.

A. B.- Cela est vrai. La ressemblance du symbole olympique avec celui des trois anneaux entrecroisés est encore plus frappante.

D. L.- Qu'est-ce que ces trois anneaux ?

A. B.- Un symbole de l'union des trois religions, juive, chrétienne et musulmane. Une Loge célèbre a reçu ce nom, *Les trois Anneaux*.

D. L.- De plus, aucun des sportifs réunis dans ce Village ne saurait ignorer que, selon sa Charte, l'olympisme est destiné à œuvrer en faveur de l'entente entre tous les hommes. De la sorte, à peine la compétition s'est-elle achevée, aussitôt, les adversaires de la veille se rapprochent, se congratulent et fraternisent. On en voit beaucoup qui rivalisent de prévenances, qui échangent de menus présents, des souvenirs. Car, en somme, le différend qui les avait précédemment opposé – l'obligation de jeter le disque plus loin ou de sauter plus haut - était tout aussi factice que les conflits qui déchirent les peuples du monde. Franchement, il m'a semblé que, à certains moments tout au moins, les hommes du Village savaient être meilleurs que ceux du dehors. Car, au hasard de mes flâneries dans les rues de Barcelone, il advenait que je croise, alignés sur la même banquette d'un bar, les bras de l'un sur les épaules de l'autre, des Israéliens et des Arabes, complètement oublieux du fait qu'ils étaient ennemis mortels.

A. B.- Venons-en à ta veillée d'armes. Conte-moi tes angoisses à la veille de tes combats.

D. L.- Ce soir-là, j'ai d'abord attendu dans l'angoisse le résultat du tirage au sort qui allait désigner mes futurs adversaires. Pour tous les boxeurs, cette attente est traumatisante car de la proclamation qui va la suivre va dépendre l'assurance avec laquelle on va partir au combat ou, au contraire, le défaitisme qui va dilapider nos forces. En prenant connaissance de la liste des mes opposants, mon angoisse descend d'un cran. Le Philippin que je dois affronter en premier lieu n'est pas classé parmi les meilleurs du tournoi tandis que de mon côté, je fais partie des favoris. J'ai donc bon espoir de commencer mes Jeux olympiques par une victoire, ce qui constituera un encouragement appréciable pour la suite. A une exception près, la suite de la liste de mes opposants ne comporte que des adversaires qui ne sont pas de taille à m'intimider. Mais c'est le combat que je dois faire au second tour qui m'inquiète. L'Allemand Andréas Tews et le Bulgare Kirkor Kirkorov doivent s'affronter et c'est le vainqueur qui sera mon adversaire. Or, si je n'ai rien à redouter du premier que j'ai déjà battu sans difficulté à Berck-sur-Mer, Kirkorov m'inquiète grandement. Il est le n°1 mondial dans la catégorie. Il est l'un des grands favoris. Il m'a déjà battu à deux reprises, aux championnats d'Europe et du monde amateurs. C'est ma bête noir : à tort ou à raison, il a revêtu à mes yeux le prestige du *« boxeur à ne pas rencontrer »* et cette crainte presque superstitieuse est capable de me faire perdre une partie de mes moyens.

Mais je parviens à dissiper ces craintes grâce à un surentraînement. Grâce surtout à la venue de mon père, de ma sœur Malika et de mon entraîneur, Youbi Ramdane. Donc, le moral est assez bon.

A. B.- Voilà en effet trois supporters fidèles et qui comptent.

D. L.- Fidèles, c'est le mot. Pour venir m'encourager, l'un a délaissé sa ferraille, l'autre sa discothèque. Quant à Malika, précédée de son gros ventre – elle attend Ryad dans sept mois -, elle a affronté cinq cents kilomètres de cahots dans la guimbarde familiale.

A. B.- Maman Hafsia… ?

D. L.- … est restée terrée à Oraison, terrorisée, comme d'habitude, à l'idée que je pourrais recevoir un mauvais coup.

Durant le temps de leur visite, Père ne cesse de s'isoler afin de prier pour ma réussite, Youbi me travaille au corps pour me rappeler ce que boxer veut dire. Malika, elle, ne dit rien, elle se tient seulement le ventre à deux mains, comme pour me protéger d'un mauvais coup. Et, dans la liste des présents, il ne faut pas oublier Ryad, celui dont l'esprit va s'associer au mien, qui va le féconder, comme tu dis. Oui, Ryad est auprès de moi lors de cette étape essentielle de mon existence.

Mon père a loué une chambre près de Barcelone. Nous nous y réunissons tous les cinq et c'est là qu'a lieu ma veillée d'armes. J'y reçois la bénédiction de mon père, les ultimes conseils de Youbi, le sourire de connivence de Malika et, peut-être, du fond de ses entrailles, celui de Ryad. Cependant, la veillée tourne court. Je dois me coucher de bonne heure. Ils me serrent sur leur cœur et je les quitte pour aller dormir. Mais il me semble que, toute la nuit, ils n'ont cessé de m'accompagner. Au travers du brouillard bleu de mes rêves, je distingue leurs silhouettes familières et leurs gestes d'encouragement.

A.B.- Advient enfin le lendemain…

D. L.- Le lendemain matin, stadium dès neuf heures. Les choses commencent comme je l'avais prévu. Mon adversaire, le Philippin, est rapidement éliminé.

Passent après moi l'Allemand, Andréas Tews et celui que je redoute tant, le Bulgare Kirkor Kirkorov. Je m'empresse de gagner les vestiaires afin de suivre leur combat à la télévision. Divine surprise ! Kirkorov est dans un mauvais jour. Il enchaîne maladresse sur maladresse et c'est Tews qui l'emporte.

J'ai cru que mon cœur allait exploser. Cette victoire de l'Allemand était comme un signe avant-coureur que les dieux seraient avec moi trois jours plus tard, lorsque j'aurais à affronter Andréas Tews, qu'ils ne me quitteraient plus jusqu'à la consécration finale, ma consécration de champion olympique.

Ces trois jours qui me séparent de mon combat contre Tews, je les passe dans l'insouciance, pour ne pas dire dans l'euphorie. L'insouciance est la sœur jumelle du laisser-aller. Sûr de moi, trop sûr, je me rends à l'entraînement comme on défère à une formalité. A quoi bon réviser une fois de plus ce que je dois faire alors que je le sais par cœur ? Un surentraînement est propre à embrouiller les choses plus qu'à les décanter. Bref, il me semble plus adéquat de ménager mes forces que de les exercer. Quant à M. Acquaviva, mon entraîneur, il a bien d'autres chats à fouetter que moi. Parmi ses ouailles, d'autres boxeurs, moins chevronnés, réclament davantage ses soins.

C'est l'histoire du lapin qui folâtre tandis que la tortue se donne du mal. Durant ces trois jours, Tews, probablement, n'a pas cru un seul instant qu'il était en position de me battre et il a dû se livrer à un entraînement farouche, fanatique.

Résultat : le jour venu, déjouant tous les pronostics, il prend sur moi une revanche inattendue. Eclatante. Je suis battu, battu comme plâtre, battu sans rémission, sans avoir pu dire ouf. Je demeure en bouillie, au fond du nid, parmi les œufs brisés prématurément et c'est lui l'oisillon qui prend son envol : le futur champion olympique des poids plumes, ce sera Andréas Tews.

Quant à Djamel Lifa, le voici brusquement exclu de la fête. Le rideau est tiré. Pour lui, les Jeux olympiques, c'est terminé. Comme dit Pierre de Coubertin, celui qui a ressuscité les Jeux de la Grèce antique, *« l'important aura été de participer. »* Oui, me dis-je, j'ai participé, j'ai été de ceux qui sont allés aux Jeux olympiques. Ce sont là de ces mots de consolation qui vous brisent le cœur et vous arrachent par les yeux tout ce que vous contenez de larmes.

A. B.- Si tu t'étais entraîné un peu plus, tu aurais pu gagner.

D. L.- J'aurais pu gagner, peut-être même sans m'être préparé davantage. Ce que je disais de ma négligence avant le match, de l'entraînement intensif de Tews, n'est peut-être qu'une tentative pour expliquer rationnellement ce qui n'est en soi pas rationnel du tout. Dans un match il y a des centaines, des milliers peut-être, d'imperceptibles aléas qui se produisent. Tel geste que je fais au lieu de tel autre. La réplique que l'adversaire trouve ou ne trouve pas. Son rictus qui m'intimide ou non. Un souvenir triste ou joyeux qui affleure à ma mémoire, appelé par on ne sait quelle fugitive sensation. Ces multiples petits accidents sont-ils capables de déjouer les pronostics, de renverser une situation ou bien s'annulent-ils les uns les autres et le résultat du match dépend-il de ces causes aisément identifiables que sont ton entraînement, ton degré de technicité, etc. ? Qu'est-ce qu'un match de boxe ? Un tournoi que remporte le plus fort, le plus doué, le mieux préparé, un événement qui était prévu, écrit dans un grand Livre en sorte que la prestation elle-même du sportif n'est que le paraphe qui vient se déposer sur ce Livre pour confirmer que tout s'est bien passé comme il l'avait prédit. Ou bien est-ce le domaine de l'impondérable, de l'imprévisible ?

A. B.- Et tu ne parviens vraiment pas à trancher entre les deux hypothèses ?

D. L.- J'ai le sentiment que dans une compétition sportive, les choses peuvent aussi bien tourner d'un côté que de l'autre et que le podium est d'une certaine manière le trône du Hasard roi. Mais j'ai également le sentiment que sur un ring, ce n'est pas seulement contre ton challenger que tu te bats. Tu es engagé dans un bras-le-corps contre le hasard et la foule de ses miliciens, les petits aléas dont je parlais tout à l'heure. L'entraînement intensif avant le combat, c'est la mise en place d'une stratégie contre le hasard. Durant le combat lui-même, tu appliques cette stratégie, mais en outre tu vas chercher au fond de tes tripes une puissance que rien d'extérieur ne pourra battre, ni ton challenger ni les ruses démoniaques du Hasard.

Tews, je pouvais le battre. Ça ne s'est pas produit, voilà tout. Pourquoi ? Parce que, avant la rencontre, je ne me suis pas suffisamment entraîné, mais aussi parce que, le moment venu, je n'ai pas fait appel à cette puissance du tréfonds de mes tripes qui était seule capable de damer le pion aux aléas du combat.

*

* *

André Benzimra.- Tu es resté à Barcelone pour assister aux autres compétitions ?

Djamel Lifa.- Non, nous avons plié bagage tous les quatre et nous sommes repartis le soir même. C'était un samedi. Malika avait insisté : *« - Reste donc ici. L'occasion de vivre dans un lieu aussi merveilleux ne se représentera peut-être jamais plus pour toi. »* Mais non, quel plaisir aurais-je pu goûter ici après une telle défaite ? Napoléon aurait-il pu s'attarder sur le site de la Bérézina ? Mon père, ma sœur, mon ami, nous nous sentions honteux, confus, comme des intrus dans un Paradis désormais défendu. Nous n'avions qu'un seul désir : fuir d'ici avant que quelqu'un ait pu nous reconnaître, fuir sans demander notre reste. Nous avons pris la voiture et nous nous sommes mis à dévorer des kilomètres et des kilomètres, rejetant loin derrière nous le cauchemar de Barcelone. Au total, nous ne nous sommes arrêtés qu'une demi-heure parce que mon père avait faim. Nous sommes entrés dans un Macdonald's. Père a commandé un hamburger et, sans un mot, il a planté ses crocs dans la viande non hallal (illicite). Sa foi était de fraîche date. Il n'était pas encore habitué aux épreuves que le Seigneur envoie à ceux qu'il aime.

A. B.- Mais comment se fait-il que sur vous quatre il ne s'en soit pas trouvé un seul pour relativiser les choses ? Après tout, participer aux Jeux olympiques, c'était déjà beaucoup - Pierre de

Coubertin avait raison - et ne pas y remporter de médaille, ça n'était pas une catastrophe.

D. L.- La souffrance, André, le désespoir de n'avoir pas été reconnu. La victoire aux Jeux olympiques aurait été pour moi-même, mais aussi pour mon père, ma sœur et Youbi, un brevet de dignité décerné à nous quatre par le monde tout entier. Et d'abord par la France, cette dame que nous courtisions depuis des décennies afin qu'elle consente à devenir un jour notre patrie. Nous aurions été libérés de notre humiliation chronique – une humiliation sans objet -, cette maladie qui dévore, consume, détruit à petit feu ceux qui ne parviennent pas à démontrer qu'ils sont des êtres humains. Notre défaite aux Jeux olympiques nous renvoyait à notre ancien statut de miséreux des montagnes kabyles. Même si aujourd'hui mon père était considéré par ses concitoyens comme un homme équitable et bon, si Youbi s'était imposé comme un entraîneur en vue, si Malika était devenue une Provençale typique au parler truculent et à l'accent chantant, l'échec que nous venions d'essuyer tous les quatre nous rejetait d'un seul coup dans notre inanité ancestrale.

A. B.- Je comprends ton abattement et aussi celui de ton père et de Youbi Ramdane. Mais j'aurais imaginé Malika moins vulnérable.

D. L.- Malika crâne, elle fanfaronne. Elle a le verbe haut et l'accent léger. Mais dans le fond, elle est aussi sensible que le reste de la famille. Elle est de la même pâte – une pâte bien tendre - que les autres pains sortis de la boulangerie Lifa.

Ma conviction intime est que notre dernière journée passée à Barcelone n'a pas été sans conséquence pour elle. A mon avis, la vive déception qu'elle éprouvait alors a été cause qu'une pinte de mauvais sang est descendue dans son ventre et que ce poison, s'infiltrant dans les veines de l'enfant en gestation, a orienté l'adulte qu'il allait devenir vers sa mauvaise destinée.

Tu le sais, un lien particulier nous a toujours unis, Ryad et moi. Eh bien ! oui, je crois, d'une certitude venue des profondeurs de l'âme, que ce lien est encore plus ancien qu'on ne serait tenté de le croire. Ryad était à mes côtés à Barcelone et il a partagé la peine qui était alors la mienne.

A. B.- C'est la vérité de ton cœur.

Mais je n'aime pas la manière dont ta mémoire s'attarde à Barcelone. On dirait que ta vie s'est arrêtée dans cette ville.

D. L.- Tu n'as pas tort. Même si, après cette défaite aux Jeux, le plus important de ma carrière sportive reste encore à s'accomplir, c'est vrai : d'une certaine manière, ma vie s'achève à Barcelone. Ma carrière amateur se termine là (ensuite, je vais passer professionnel) et elle se termine en queue de poisson.

Et le jour où mon rêve olympique tourne court, je prends conscience de ceci : c'est que je suis destiné à voir les choses me passer sous le nez au moment précis où je suis sur le point de les atteindre. Vois plutôt. Je fais un service militaire fulgurant : obscur sportif de province quand je suis mobilisé, je me métamorphose en quelques mois en un grand boxeur. Mais au lieu de clore ce cycle en beauté, mon service militaire se conclut par le cuisant échec d'Athènes. Deuxième cycle : la qualification pour les Jeux Olympiques ; tout marche à merveille jusqu'au moment où je rencontre ce Tews (que j'ai déjà battu pourtant !) et voici que, contre toute attente, il me supplante et va cueillir à ma place les lauriers au championnat des plumes.

Cette intuition, contractée à Barcelone, d'être voué aux frustrations finales, elle ne me quittera plus de ma vie, d'autant qu'elle ne cessera jamais de se vérifier. Je serai pour toujours celui qui prend dès le départ la tête de la course, mais la perd à l'ultime seconde. Je m'en tiendrai à l'exemple le plus patent : au terme de ma carrière professionnelle, je deviens avec la plus grande facilité champion d'Europe, mais toute une série de circonstances imprévues, de contretemps (que je te relaterai plus tard) vont faire que je n'aurai jamais l'opportunité de disputer le championnat du monde.

C'est ainsi. Dès que je suis sur le point de conclure, quelque chose se grippe. Je suis condamné à l'inachevé.

A. B.- Comme tout un chacun. Je ne sais plus où j'ai lu cette phrase : *« Ce n'est pas parce que sa vie fut trop brève que Moïse ne* *parvint jamais en Canaan ; c'est parce que c'était une vie humaine.* » Une vie humaine s'achève toujours avant qu'elle ait pu réaliser tous ses objectifs. Cela tient peut-être à ceci que l'on n'accepte pas en haut lieu de nous voir former des projets uniquement pour ce monde.

D. L.- Non, non, dans mon cas il y a quelque chose de tout à fait spécial. Il est normal qu'un homme ne puisse réaliser tous ses projets. Une vie, j'en conviens, est jalonnée de projets avortés, certains même sans avoir reçu un commencement d'exécution. Mais ce qu'il y a de particulier dans mon cas : mes projets n'échouent pas à n'importe quel moment. Non, ils capotent à l'instant précis où je touche au but. *Au tout dernier moment, les choses me passent proprement sous le nez.*

A. B.- Oui… Eh bien, alors, la chose relève peut-être de ton rapport personnel avec le Grand Architecte de l'Univers.

D. L.- Explique.

A. B.- Ce que le Grand Architecte souhaite pour tout homme, c'est la sagesse. Pour nous amener à la rechercher, il considère le point faible de chacun et l'exploite judicieusement en sorte que, après maints détours, nous parvenons là où il entendait nous conduire.

Ta faiblesse à toi, c'est ta passion pour la boxe. Dans un premier temps, le Grand Architecte a accepté que tu t'y adonnes. C'est que, par certains côtés, ce sport peut être une école de sagesse. A cette école, tu apprends à te dominer, à te surpasser, à accepter l'échec avec humilité, à emporter la victoire sans t'enorgueillir, à persévérer quoiqu'il t'en coûte. Sans compter beaucoup d'autres vertus accessoires comme la sobriété –puisqu'il faut conserver le poids adéquat pour la compétition.

Mais, comme toutes les activités profanes, la boxe peut aussi te faire perdre ton âme. Si par exemple tu deviens champion du monde, il est tentant pour toi de penser que tu es le meilleur en tout, et pas seulement en boxe, que tu es le plus fort dans l'Univers et pas seulement sur terre et dans ta catégorie. Ce sentiment d'être supérieur à tout et à tous est une tentation diabolique, celle à laquelle le Christ a résisté lorsque Satan lui a proposé l'empire du monde.

Considère pour ce qu'elle est cette griserie, cette folie de la grandeur. En vérité, peut-on devenir champion du monde ? Un Cerdan, un Cassius Clay a-t-il jamais réussi à se faire sacrer champion de Saturne ou de Mercure, à plus forte raison, d'Alpha du Centaure ou d'une autre galaxie ? Et si toi-même, tu avais acquis ce titre, champion du monde des *plumes*, aurais-tu pris réellement beaucoup plus de poids qu'une plume, serais-tu devenu autre chose qu'un grain de cette minuscule poussière appelée *la Terre*, laquelle poursuit son éternelle errance autour d'un soleil qui l'ignore, perdue parmi des espaces sans fin, sans nom et sans mémoire ? Souverain des grains de poussière, telle est en vérité, la distinction que tu aurais conquise, si le sort t'avait permis de remporter le titre de champion du monde.

Ainsi donc, tant que le jeune boxeur que tu étais, gravissait une à une les montagnes de la renommée et acquérait ce faisant les vertus nécessaires à l'escalade, patience, volonté, maîtrise de soi, etc… l'Ange qui te chevauche volontiers te lâchait la bride. Mais lorsque tu fus tout près de parvenir à la cime de la montagne, à l'ultime pic de la renommée, alors, voici que l'Architecte intervient en personne et d'une pichenette envoie bouler le rocher auquel ta main s'agrippe déjà. Et te voilà projeté tout en bas, dans le fond de la vallée.

Car, selon mon avis, ce que le Ciel cherche à te faire entendre par ces déceptions de dernière minute, c'est ceci : Djamel, l'ascension est une bonne chose car elle peut élever l'âme autant que le corps. Mais ce n'est pas cette montagne-là que je veux te voir escalader.

(Un long silence s'installe entre les deux interlocuteurs. Ambiance méditative. Puis Djamel Lifa demande à André Benzimra quel est son côté faible à lui, autrement dit sous quel angle d'attaque le Grand Architecte le prend pour tenter de le conduire à la sagesse. Et, bien qu'il s'agisse dans ce livre du seul destin de Djamel Lifa, André Benzimra

consent à parler quelque peu de son cas personnel afin d'illustrer les façons de faire du Grand Architecte de l'Univers.)

André Benzimra.- Moi, mon travers, c'est la curiosité et par voie de conséquence le goût du questionnement. Quand, voilà bien des années, j'entrai en Franc-Maçonnerie, je me posais sans discontinuer des questions sur tout ce qu'on trouve dans une Loge, les symboles qui l'ornent, les rites qu'on y pratique. Naturellement, je harcelais de mes interrogations le second surveillant chargé de mon instruction. Mais tu connais le style de l'enseignement maçonnique. Quelle que soit la réponse qu'on te fournit, elle signifie toujours, sous une forme ou sous une autre, que c'est à toi de chercher la solution de l'énigme. Grosse frustration pour l'Apprenti maçon que j'étais. Mais au bout de quelque temps, voici que je m'aperçus d'une chose extraordinaire : si, ayant renoncé à résoudre telle énigme maçonnique, je m'avisais aussitôt après d'ouvrir un livre quelconque - la Bible, le Manuel de l'Apprenti ou même un roman -, eh bien ! je tombais sur la réponse à ma question. Cette sorte de coïncidence se produisit de façon si fréquente, si régulière qu'elle finit par devenir l'objet principal, peut-être même unique, de mes interrogations métaphysiques. Comment un tel dialogue était-il possible ? Qui était mon interlocuteur ? Quelle sorte de second surveillant ? Et venu de quelle Loge ? De quel lieu me parlait-il ? Et comment s'y prenait-il pour circuler entre les pages de tant de livres différents ?

Je m'engageais ainsi dans une forêt de questions insolubles, que je savais insolubles, et qui ne m'en fascinaient pas moins.

Djamel Lifa.- N'est-ce pas perdre son temps que de se poser des questions insolubles ?

A. B.- C'est souvent le cas, probablement. Mais il peut arriver qu'en acceptant de vivre en présence du Mystère on fasse l'apprentissage du désintéressement.

D. L.- Voilà donc pour toi, une fois de plus, le fin mot de la sagesse : c'est la rencontre avec Dieu, celui tu nommes à présent *le Mystère* avec un grand M... Est-ce à dire que toute sagesse me sera interdite si je n'ai pas la foi ? Bien des Frères ne partagent pas là-dessus ton sentiment et croient en la possibilité d'une sagesse athée ou agnostique.

A. B.- Mais je ne dis pas qu'ils ont tort.

Comprends bien. Dans l'exemple que je t'ai donné, la sagesse a été de rompre avec certaine curiosité malsaine. En l'occurrence, cette curiosité fébrile qui veut tout tout de suite, n'accepte pas de passer par une recherche patiente et préfère en somme la facilité au travail.

Il y a bien des façons de se débarrasser d'un tel travers. Pour moi, ça a été la rencontre avec un Mystère si élevé qu'il rendait dérisoires toutes les petites énigmes qui avaient auparavant alléché ma curiosité. Si tel de mes semblables parvient à s'affranchir de pareil défaut sans le secours de ce Mystère, je ne puis qu'applaudir. Et, pour achever de sceller mon entente avec lui, je lui proposerais d'appeler d'un même nom, par exemple *Grand Architecte de l'Univers,* les deux principes, le sien et le mien, qui nous permettent à l'un comme à l'autre de nous débarrasser de nos vices et de nous acheminer vers la sagesse.

D. L.- J'aimerais que tu mes parles encore de ton rapport personnel avec ce Grand Architecte de l'Univers.

A. B.- Eh bien ! je te raconterai alors l'aventure qui m'est arrivée voilà vingt ans environ. C'était à un moment où mon attachement à la Franc-Maçonnerie se relâchait. Je n'avais plus vraiment la foi. Ma décision était prise de donner ma démission. Mais je différais le moment de la remettre parce qu'on m'avait confié un exposé sur Caïn et Abel et que je ne voulais pas décevoir l'attente de mes Frères. Un jour, je me rends à la FNAC-Montparnasse afin d'acheter un disque pour ma fille. En traversant la librairie, un petit livre rouge perdu au milieu de livres à couverture blanche attire, je ne sais pourquoi, mon attention. Je passe outre néanmoins. Je fais mon emplette au rayon des disques, et, comme je repasse par la librairie, de nouveau, voici que cette couverture rouge confisque mon regard. Cette fois, je m'approche et découvre non sans surprise qu'il s'agit d'un ouvrage traitant d'Abel et de Caïn. Je feuillette et m'aperçois qu'il s'agit d'un livre d'extraits. Je n'ai jamais apprécié les morceaux choisis. Je repose donc le volume sur son étagère et commence à m'éloigner lorsque l'idée me vient qu'il se trouve peut-être dans cet ouvrage une bibliographie qui pourrait m'intéresser. Je rebrousse chemin, reprends le petit livre rouge, l'ouvre au hasard. Et voilà que le Ciel - c'est le cas de le dire - me tombe sur la tête. Car je viens de tomber sur le texte d'un certain Rabbi David ben Zimra[12]. Avant cette rencontre stupéfiante, je n'avais jamais entendu parler de cet homme qui fut probablement mon ancêtre. Par la suite, j'ai appris qu'il s'agissait d'un grand kabbaliste du XVe siècle. Cet homme s'intéressait aux mêmes sujets que moi. Aussi me plaît-il de penser qu'au travers des livres qui portent ses écrits, il avait dû chercher sa descendance un peu partout dans le monde afin, sans doute, de la féconder. Peut-être, des siècles durant, était-il demeuré en embuscade dans les librairies, seuls lieux où il avait chance de rencontrer un descendant capable de s'intéresser à une œuvre comme la sienne. Au bout de cinq siècles d'errance, il avait fini par m'apercevoir au milieu d'une foule de lecteurs, m'avait fait signe depuis son étagère. Et lorsqu'il m'a vu à sa portée, ouvrant toutes grandes les portes de ses secrets, il m'avait offert sa contribution personnelle à l'enquête que je menais sur les frères ennemis.

Ce dialogue un peu spécial avec un vieux kabbaliste espagnol, je l'ai ressenti comme un encouragement à poursuivre la sorte d'études à laquelle à cette époque j'étais en train de me consacrer.

Cette recherche sur Abel et Caïn, c'était ma Loge qui me l'avait confiée. Après l'aventure qui m'était advenue, comment aurais-je persisté à vouloir quitter l'Ordre maçonnique ? J'ai donc déchiré ma lettre de démission.

Tel était peut-être bien le but désiré par le Grand Architecte. Si tel fut le cas, on peut conjecturer que pour parvenir à ses fins,

---

[12] Ce texte se trouve pp. 13 et sq. du livre d'Emmanuel Levyne, *Caïn et Abel, la Kabbale de la révolution de la lettre Z(ayine) et du chiffre sept* (Tsédeq éditeur 1985).

il s'est servi de l'intérêt que je portais à cette époque à l'histoire d'Abel et de Caïn.

D. L.- A moins que tout cela ne soit que coïncidence.

A. B.- A moins que tout cela ne soit que coïncidence.

Mais mon cher Djamel, nous sommes en train de basculer de ta biographie à la mienne. Abstenons-nous dans nos entretiens à venir de semblables digressions.

VIII

Elle

André Benzimra.- Nous en étions restés à ton retour de Barcelone. Lorsque vous quittez l'Espagne, ton père, ta sœur, ton entraîneur et toi, vous êtes comme les rescapés d'une guerre qui vous aurait laissés exsangues et le cœur ulcéré.

Djamel Lifa.- Oui, nous avons effectué le voyage de retour pour ainsi dire sans échanger un mot. Vite, vite. Comme des malpropres qu'on aurait mis dehors. Et puis, arrivés à destination, nous nous séparons sans un au revoir, sans un regard et chacun va se terrer chez soi.

A. B.- Tu ne vas tout de même pas tomber en dépression ?

D. L.- Non, mais je jette l'éponge, bien décidé cette fois à tirer un trait sur un sport pour lequel je ne suis pas doué, ainsi qu'une fois de plus je viens de le démontrer. Désormais, j'entends me consacrer pleinement à mes fonctions d'éducateur. Après tout, c'était sous ce titre que m'avait recruté la mairie d'Istres. Eh bien, j'honorerais ce contrat, voilà tout.

Je passe donc mon brevet d'état d'éducateur sportif (BEES) et, signe que c'est bien là que se trouve ma vocation, je le réussis.

A. B.- Oui, mais dans ton environnement, il y a sans doute des gens qui continuent d'espérer en toi... ?

D. L.- Oh ! bien sûr ! Les passants dans la rue continuent de solliciter des autographes à celui qu'ils considèrent comme un futur champion du monde professionnel. Les jeunes filles s'extasient devant celui qu'elles prennent encore pour le *number one.* Les journalistes – et pas seulement ceux de la presse locale – continuent de m'inviter à des interviews. Surtout, Acquaviva, mon entraîneur, se livre sur ma personne à un véritable travail au corps. Il projette de créer un club omnisport au sein du Paris - Saint Germain et il veut à toute force m'y faire entrer pour animer la section boxe. Ce qui ne l'empêche pas à l'occasion d'affirmer que je n'ai pas l'étoffe d'un professionnel. D'ailleurs, avant de partir pour Barcelone, j'ai signé un précontrat avec Canal + et cette chaîne est toujours disposée à me sponsoriser.

« -Tu ne vas tout de même pas décevoir tout le monde ! », plaide M. Acquaviva.

Mais je demeure sourd à ce concert de sirènes tentatrices. Je persiste à penser que mon destin est de finir mes jours comme éducateur à la mairie d'Istres.

A. B.- Oui, mais tu n'as pas fini tes jours comme éducateur à la mairie d'Istres. Alors que s'est-il passé ?

D. L.- Il s'est passé que je l'ai rencontrée.

A. B.- Qui cela ?

D. L.- Elle, ma femme.

A. B.- Quel est son nom ?

D. L.- Je ne te le dirai pas.

A. B.- Mais pourquoi ? *(Djamel ne répond pas.)* Enfin, ça n'a pas de sens. Si je le voulais, je n'aurais aucune peine à obtenir le renseignement.

D. L.- Je sais que tu ne chercheras pas à l'obtenir contre mon gré.

A. B.- Mais alors, si tu dois me parler d'elle, comment l'appelleras-tu ?

D. L.- Je l'appellerai *Elle,* tout simplement. D'ailleurs, pour moi, elle a été toutes les femmes, en réalité la seule.

A. B.- Ainsi, c'est elle qui t'a convaincu de passer professionnel ?

D. L.- Elle ne m'a donné aucun conseil, aucun encouragement à faire ceci plutôt que cela. Mais, dans les premiers temps de notre amour, elle se faisait de moi, sur tous les plans, une si haute idée, que j'ai voulu m'élever à la hauteur de son idéal. J'ai donc essayé de lire, de me cultiver, de m'intéresser au cinéma. Et, bien entendu, je me suis remis à la boxe puisque dans la vie c'était ce que je savais faire de mieux. Pour elle, pour lui plaire un peu plus, j'ai retrouvé le goût de devenir un champion.

A. B.- Raconte.

D. L.- Non, pas à présent. Aujourd'hui, je ne pourrai plus enchaîner sur ma carrière.

A. B.- Alors, parlons d'elle. Où l'as-tu rencontrée ?

D. L.- A la discothèque de Youbi Ramdane. Je soupçonne qu'elle était venue là pour faire ma connaissance. Car à plusieurs reprises – je l'ai appris par la suite – elle m'avait croisé dans les rues d'Istres et, à ce que j'ai cru comprendre, avait conçu un faible pour moi.

A. B.- Et toi, tu ne t'étais rendu compte de rien ?

D. L. – De rien. En ce temps-là, j'allais mon chemin pour ainsi dire sans voir le monde extérieur. Bien au contraire, c'était moi qui attirais l'attention du monde. J'étais enfermé, cadenassé à double tour, dans mon *ego*. Oui, mon amour était passé plusieurs fois près de moi et je ne l'avais pas aperçu. Mais ce soir-là, lorsqu'elle est entrée chez Youbi, il s'est opéré une révolution…

A. B.- Une révolution copernicienne. D'un seul coup, tu as cessé d'être le centre du monde et c'est elle qui a pris ta place.

D. L.- Oui, c'est cela...

A. B.- Elle était belle ?

D. L.- J'ai posé sur elle mon regard et il s'est arrêté là définitivement. Elle est devenue la lumière et tout le reste alentour s'est changé en obscurité.

Les heures, les jours et les semaines qui ont suivi sont dans mon souvenir comme un rêve sans images visuelles. Si je tente de les évoquer, je ne puis me les représenter autrement que comme un long enlacement entrecoupé de baisers brûlants. Des balbutiements, des tremblements. Enfin, de ces choses qui se répètent, toujours les mêmes et pourtant complètement uniques, chaque fois qu'un couple vient à se former.

Du jour au lendemain, elle a quitté le lycée, ses amies, ses parents et nous sommes partis en vacances dans la Creuse.

A. B.- Dans le souvenir qu'on en garde, un amour naissant est souvent attaché à un lieu. Ainsi pour Lamartine, le lac.

Ô lac ! l'année à peine a fini sa carrière,
Et près des flots chéris qu'elle devait revoir,
Regarde ! je viens seul m'asseoir sur cette pierre
Où tu la vis s'asseoir !

Et pour toi, quel a été le lieu privilégié de ton amour avec Elle ?

D. L.- Mes fiançailles, mes noces, ma lune de miel, l'acmé de notre amour, c'est aux Goudes, à Marseille que je les ai vécues.

A. B. *(frappé)* – Aux Goudes ?

D. L.- Tu connais ?

A. B.- Si je connais ! Mais laissons cela. J'ai promis que je ne reparlerai plus de moi. Je m'en vais tout de même te lire quelques notes en souvenir de... de quelque chose que j'ai moi-même vécu là-bas.

*
* *

André Benzimra.- Voici :

« A l'extrémité de la Pointe Rouge, sur une route en lacets d'où l'on surplombe d'étroites calanques et de pittoresques cabanes de pêcheurs, s'étend une espèce de bourg qui revêt des allures de bout du monde, les Goudes. On jurerait à chaque détour de la route qu'une limite de l'espace vous attend, que la chaussée va brusquement déboucher sur un précipice ou sur un piton de rocaille.

Aux Goudes, les bâtisses sont dispersées. On dirait qu'elles se refusent à former un ensemble cohérent, qu'elles ont pris le parti de se replier chacune sur elle-même pour s'enfermer dans une méditation secrète. Contraste : il y a de très vieilles et pauvres maisons rongées de vert-de-gris et lézardées sur de larges pans de leurs façades ; et de fastueuses villas, figées dans leur hauteur hiératique et fièrement dressées sur des arcades aux colonnes torsadées. Parmi celles-ci, tous les styles et tous les âges. Et cette diversité, cette différence de génération aussi, contribuent notablement à l'impression générale que dégage le bourg, de maisons repliées sur un individualisme farouche et qui, pour rien au monde, n'accepteraient de frayer les unes avec les autres. Les Goudes sont l'exact opposé de l'atmosphère, faite d'exubérance et de sociabilité, qu'on rencontre partout ailleurs à Marseille. C'est peut-être pourquoi elles représentent l'un des lieux favoris des promeneurs solitaires et des amoureux. Néanmoins, ce n'est pas le dimanche qu'il faut visiter ces lieux, parce qu'alors, l'animation qui y règne dénature leur vrai visage. C'est en semaine qu'on aura l'occasion de voir à quoi ressemble une utopie, une contrée de nulle part, un pays sans frontières ni voisins, comme en suspens entre le ciel et l'eau, enfoncé dans sa solitude désertique et emmuré dans son silence.

Tel est le lieu où… »

Le reste est personnel.

Djamel Lifa.- Voilà. C'est exactement ça. C'est tout à fait l'atmosphère où a baigné mon amour avec *Elle*. Un amour du bout du monde.

A. B.- Qui était-elle, *Elle* ?

D. L.- Une toute jeune fille aussi instruite et cultivée que j'étais ignorant. Une jeune fille enjouée –en apparence -, sociable, spirituelle, piquante, parfois. Mais son trait dominant, c'était un mal-être secret, que je n'ai pas tardé à débusquer. Dans les débuts de notre amour, il arrivait qu'elle me dise : *« - Je ne me sens nulle part chez moi, sauf quand je suis entre tes bras. »* Il faut dire que, à peine âgée de quelques jours, elle avait été abandonnée coup sur coup d'abord par son père, ensuite par sa mère. La DASS lui avait trouvé une famille d'accueil. Mais au bout de quelques années, sa mère l'avait reprise, l'avait gardée quelque temps – de sa septième à sa quinzième année. Et puis, à l'occasion d'une nouvelle liaison, cette mère épisodique l'avait de nouveau renvoyée chez ses parents adoptifs.

Et moi, je me suis passionné pour ce rôle de port d'attache que mon aimée semblait vouloir m'attribuer. Nous sommes montés ensemble à Paris, loin des lieux où elle se sentait en exil. Je l'ai installée ***chez elle,*** dans ***notre*** appartement, un petit nid douillet au milieu de meubles et d'objets que nous avions choisis ensemble. Dans un décor où elle pouvait trouver ses marques, se reconnaître. Et là, nous nous sommes donné deux enfants, Jenna – le nom du Paradis en arabe – et, quatre ans plus tard, Marina – un prénom choisi en raison du goût de ma compagne pour les sites maritimes.

A. B.- Tes rapports avec tes beaux-parents?

D. L.- Ni froids, ni chaleureux. Ils faisaient leur devoir de beaux-parents, me recevaient quand il y avait lieu de le faire, me décrivaient le caractère de leur fille afin que je sache comment prendre soin d'elle, s'inquiétaient de savoir si je gérais convenablement les ressources du ménage. Cela dit, je ne pense pas qu'ils m'aient jamais beaucoup apprécié. Ils étaient de ces Pieds-Noirs très cordiaux avec les Arabes à condition qu'ils n'entrent pas dans leur famille. Je me souviens que j'étais caché dans la chambre d'*Elle* le jour où elle se proposait de me présenter à eux. *« - Vous allez bien le recevoir, au moins ? »* s'inquiétait-elle. *« - Mais bien sûr que oui, pourvu qu'il ne soit pas arabe ! »*

Quels efforts n'a-t-il fallu déployer pour les amadouer ! Tel est le sort du maghrébin : même comme gendre, il doit faire davantage ses preuves qu'un beau-fils ordinaire. Donc, Djamel, tu sais ce qu'il te reste à faire : deux fois plus de fleurs dans le bouquet, deux fois plus de chocolats dans la boîte de chocolats. La consigne était : veiller à toujours donner plus qu'on ne reçoit. Malgré cela, je le voyais bien : ils ne pouvaient se départir de l'impression qu'ils perdaient quelque chose au change.

Puis, lorsque les fleurs se sont fanées, que les chocolats se sont fondus et que la rupture s'est produite, ils ont entamé le refrain classique en pareille circonstance : *« - C'était couru d'avance. Nous te l'avions prédit, que les choses tourneraient mal. Un Arabe, tu penses, comment as-tu pu te fourrer une telle folie en tête ? »*

A. B.- Le lien entre Elle et toi semblait solide. Comment a-t-il pu se briser ?

D. L.- Je ne sais pas vraiment. Les premières années – de 93 à 2003 environ -, notre entente a été parfaite, du moins à ce qu'il me semble. Ensuite, le démon a repris ses visites et, progressivement, insidieusement, s'est insinué entre elle et moi.

A. B.- Quel démon ?

D. L.- *Elle* a commencé de se sentir chez nous comme en pays inconnu. Elle circulait d'une pièce à l'autre, comme pour les inspecter, et manifestement ne se sentait à sa place dans aucune. A mon tour, je suis devenu un étranger pour elle. Je la prenais dans mes bras, elle essayait de s'y blottir, mais non, ce n'était pas non plus sa place. Sa vie avait pris la forme d'un malaise perpétuel. Dès le début de 2005, elle a commencé de dire qu'elle envisageait de redescendre dans le midi. Ce projet, d'abord vague, se changea peu à peu en une détermination froide, implacable. Mes supplications ne purent l'ébranler. Au contraire, j'eus bientôt le sentiment qu'elles avaient pour effet de me faire haïr. *Elle* peut parfois être très dure, féroce même pour ceux qui s'opposent à sa volonté. Que pouvais-je faire ? A la fin, j'ai écarté mes bras et le bel oiseau s'est envolé. L'oiseau et les deux oisillons : naturellement, les filles l'ont suivie.

A. B.- Et où est-elle allée ?

D. L.- Elle est retournée dans le Midi.

A. B.- Et elle a rompu les ponts avec toi ?

D. L.- Je me suis senti abandonné. Je n'ai pu garder l'appartement où nous avions vécu toutes ces années : nos amours récentes y brûlaient encore comme des charbons ardents. Je n'ai jamais été K. O. sur un ring. Mais là, j'ai eu mon compte. Mon cœur s'est déchiré, ma tête s'est vidée et de longues semaines je suis demeuré prostré.

On ne peut dire, pour autant, qu'elle ait coupé les ponts. Nous nous sommes revus assez régulièrement. Pour les filles, bien entendu, mais pas seulement. *Elle* a continué de me témoigner une sorte d'amitié, de tendresse peut-être. Il est même arrivé, épisodiquement, que nous reprenions un semblant de vie de couple. Mais les lendemains de ces amours en miettes me laissent un goût amer dans la bouche. Ce n'est plus *Elle* que je tiens entre mes bras, mais son fantôme. Elle consent à mes baisers, mais c'est comme si elle n'avait plus de lèvres ; à mes étreintes, mais elle est devenue comme impalpable. Vois-tu, celle que j'ai aimée, ce n'est plus jamais à Istres que je l'ai retrouvée vraiment, c'est aux Goudes.

A. B.- Tu l'as retrouvée aux Goudes ?

D. L.- En quelque sorte, oui. Dans les mois qui ont suivi notre rupture, je me rendais souvent à Marseille pour un pèlerinage aux Goudes. Et là, dans le calme de la nuit, entre les senteurs venues de la mer, il me semblait humer le parfum de celle que j'avais aimée. Je fermais les yeux, ouvrais à tous battants le reste de mes sens, la poitrine offerte retenais ma respiration, comme pour accueillir un fantôme poussé vers moi par le souffle de la mer. Au bout d'un moment d'intense méditation, l'appel que je lançais de tout mon être faisait qu'*Elle* était là, toute entière, recréée de pied en cap, sinon contre moi, du moins dans une extrême proximité. Je sentais son souffle proche comme un baiser, sa chevelure battue par le vent à deux doigts de frôler mon visage. Enivré et assoiffé d'une plus grande ivresse encore, je m'imprégnais, je m'imbibais d'*Elle*.

A. B.- *Elle* n'est plus une femme. Elle est un alcool qui te fait délirer.

D. L. – Ce que tu dis là ressemble à la vérité. Ecoute plutôt ce qui m'est arrivé lors de mon premier pèlerinage aux Goudes.

J'entre dans le bistrot que nous fréquentions jadis, *Elle* et moi. Un long moment, je m'abîme dans mes pensées. Une fois de plus j'égrène la longue déploration des jours heureux qui ne reviendront plus. Or, voici que je suis dérangé dans mon évocation morose. Une jeune femme vient de s'installer à quelques mètres de moi, en vis-à-vis, dans le coin le plus obscur de la salle. Je ne peux rien distinguer de son visage, de sa personne, de son attitude, mais j'ai le sentiment très net qu'elle m'observe. Un pressentiment – de quoi ? je ne saurais dire - m'envahit. Je sens une tension extrême dans tout mon corps, dans toute mon âme. Soudain, la jeune femme se lève, gagne la porte, l'ouvre, la referme derrière elle. Mais l'espace d'un éclair, j'ai eu le temps d'apercevoir son visage dans la lumière et je l'ai reconnu. C'est *Elle*. Je me précipite dans la rue. Mais elle s'est évanouie dans la nuit. Elle laisse autour de moi les traces d'un parfum que je reconnais bien.

A. B.- Etait-ce réellement ta femme ?

D. L.- Non, j'ai su par la suite qu'elle n'a plus remis les pieds aux Goudes depuis l'époque de nos amours.

A. B.- C'était donc une méprise ou alors une hallucination.

D. L.- Je serais tenté de dire : ni l'une ni l'autre. Pour moi, les Goudes, c'est le cimetière de mes amours défuntes. Et le fantôme qui y circule n'est ni un sosie de mon aimée ni une hallucination.

A. B.- Quoi d'autre ?

D. L. – Un sortilège, peut-être.

A. B.- Et, lors des pèlerinages suivants, la vision est revenue ?

D. L. – Régulièrement.

A. B.- Et toujours au même endroit, dans ce même bistrot ?

D. L.- Non, pas au même endroit. Dans une rue, sur une falaise, dans un cinéma. Dans les lieux où j'ai vécu jadis quelques-uns des moments forts de la passion qu'*Elle* m'inspirait.

A. B.- Et c'était *Elle,* vraiment ? Ni un sosie, ni une hallucination ?

D. L.- C'était vraiment *Elle*. Beaucoup plus, si je puis dire, que la personne que je continue à rencontrer à Istres. Comme si cette dernière s'était délestée aux Goudes de la partie essentielle de son être.

A. B.- Ta relation avec ce fantôme des Goudes a quelque chose de malsain.

D. L.- C'est vrai. Aussi bien, j'ai rompu avec lui depuis longtemps. Je ne retournerai plus jamais aux Goudes. Pour *Elle* comme pour moi, ce site est rayé de la géographie.

*
* *

André Benzimra.- Je remarque que, en amour, comme dans la boxe, c'est toujours lorsque tu es près de toucher au but que la réussite t'est refusée. Combien de temps as-tu été heureux avec *Elle* ?

Djamel Lifa.- Dix ans.

A. B.- En dix années d'entente conjugale, on aurait pu penser que les caps difficiles étaient franchis et que tu allais finir tes jours avec la femme aimée. Eh bien ! non…

D. L. – Ce bonheur-là aussi m'est passé sous le nez.

Au moment de ma séparation d'avec *Elle*, j'ai pensé que quelque chose au moins survivrait malgré tout de cette union fusionnelle que nous avions vécue ensemble : mes filles. L'une et l'autre sont comme la quintessence de leur père et de leur mère. Marina est un cœur tendre et sensible comme moi ; physiquement, c'est sa mère. Jenna, quant à elle, ressemble comme deux gouttes d'eau à son père ; moralement, elle a le côté abrupt de ma femme. Deux reflets, inversés l'un par rapport à l'autre, de leurs parents. En elles deux continue de vivre l'Unité que, naguère encore, nous formions, *Elle* et moi. Je pensais que la présence à mes côtés de ces petites me permettrait de conserver quelque chose du bonheur que nous avions connu lorsque nous formions une famille. Mais elles ont suivi leur mère dans le midi. Elles aussi me sont passées sous le nez.

Tu diras peut-être qu'il faut consentir aux volontés du Grand Architecte de l'Univers. C'est égal, je trouve qu'il a parfois la main un peu lourde à mon égard.

A. B.- Dix années de bonheur conjugal. Champion d'Europe. Et, pour finir, la rencontre avec quelqu'un qui va t'aider à composer le livre grâce auquel tes lointains descendants se souviendront encore de toi. Honnêtement, on a vu pire comme réprouvé.

D. L.- Tu as mille fois raisons et je remets immédiatement mes récriminations ineptes dans ma poche. Tout de même, tu reconnaîtras qu'il y a un mystère dans ces échecs successifs.

A. B.- Nous en avons déjà parlé. A mon sens, le Grand Architecte n'a souci que de ton progrès spirituel et te soumets à toutes sortes d'épreuves pour te forcer à rechercher la voie de la sagesse.

Mais pour l'heure, je m'interroge sur un tout autre mystère.

D. L.- Lequel ?

A. B.- Celui des gens comme toi qui réussissent tout magistralement, sauf à l'instant ultime.

Du temps de ma jeunesse, il y avait un coureur cycliste nommé Viéto, qui chaque année gardait le maillot jaune tout au long du Tour de France, mais, régulièrement, se le faisait souffler à la dernière étape. Plus récemment, on a connu cet immense champion cycliste, peut-être le meilleur de tous les temps, au total : Raymond Poulidor. Je dis *au total* parce que, pour se rendre compte qu'il était bien le meilleur, il fallait additionner les points de son palmarès. Dans le détail des compétitions, force était de constater qu'il n'arrivait pour ainsi dire jamais premier. On avait fini par lui donner un surnom qui, jusqu'à sa retraite, n'allait plus cesser de lui coller à la peau : *le second. Raymond Poulidor, le Second* : voilà qui sonne comme un numérotage de monarque et n'est en réalité que la marque au fer rouge d'un champion avorté. Comme il a dû souffrir de cette souveraineté dérisoire !

J'ai fait quelques recherches sur lui et aussi sur Viéto pour essayer de savoir s'ils étaient également des *seconds* dans leurs autres activités. Mais aussi bien dans les encyclopédies que dans les revues spécialisées que j'ai pu consulter, il n'est question que de leur vie sportive comme s'ils n'avaient été rien d'autre dans l'existence qu'une paire de jambes actionnant des pédales. Et pourtant, il serait intéressant d'apprendre la manière dont le Grand Architecte les a conçus dans la totalité de leur être.

D. L.- J'ai entendu dire qu'après sa retraite Poulidor avait monté une entreprise de cycles.

A. B.- Eh bien, voilà qui ne nous renseigne guère sur le personnage. *(Mi- plaisantant)* Si seulement on nous précisait que son magasin de cycles a été le deuxième en importance sur la place de France, on commencerait peut-être à apprendre quelque chose.

D. L.- Et quand on apprendrait que Viéto et Poulidor ont été des seconds à tous points de vue, quel intérêt ?

A. B.- En fin de compte, ce qui serait intéressant, c'est de savoir si grâce à leurs échecs ils ont été guéris de quelque maladie de l'âme. De l'orgueil par exemple car certes, à n'en pas douter, c'est le défaut qui menace le plus les grands champions.

D. L.- Et quand on t'informerait et de la maladie de ces champions et de la façon dont ils ont été guéris, en quoi serais-tu plus avancé pour le traitement de ta propre maladie ?

A. B.- A force de scruter les messages que la Providence dépêche aux autres, peut-être finit-on par devenir plus expert à déchiffrer ceux qui nous sont adressés à nous-mêmes.

En vérité, je ne vois pas d'autre intérêt à ce genre littéraire qu'on appelle la biographie.

IX

Professionnel

André Benzimra.- Mais revenons-en à ta vie de sportif. C'est donc le désir de briller aux yeux de ta compagne qui t'incite à devenir professionnel ?

Djamel Lifa.- De nombreux facteurs jouent dans ma décision de revenir à la boxe. Tous ces gens, dont je t'ai parlé, qui insistent pour que je reprenne mes gants. Et par-dessus tout mon père que j'avais déçu 0 Barcelone et qui, je le devine, a du mal à supporter l'idée qu'un Lifa demeure sur un échec. Mais c'est vrai, la rencontre avec *Elle* a été le déclic qui a entraîné ma décision. Car elle me témoigne beaucoup d'amour. Mais (est-ce le pressentiment que notre couple doit se défaire un jour), j'éprouve le besoin constant de l'attacher toujours plus solidement à moi.

A. B.- Aussi bien, lorsqu'elles nous tiennent, on n'a jamais fini de les conquérir.

Ainsi, le besoin ardent de plaire à ta belle finit par avoir raison de tes doutes sur tes capacités ?

D. L.- Tout à fait. Un charme m'est tombé dessus et m'a changé de fond en comble. La fureur m'emporte et je me sens galvanisé, déchaîné, d'une forme à terrasser tout adversaire qui se trouvera sur mon passage. Et lorsque René Acquaviva, qui n'a jamais cessé de faire mon siège, revient me supplier d'adhérer à son club de boxe au sein du Paris – Saint Germain, j'accepte.

Me voilà appointé par le P. S. G. Le contrat a été signé avec les Acariès, Michel et son frère Louis, le champion d'Europe. Ces deux-là sont le *nec plus ultra* des promoteurs.

A. B.- Quelque chose m'intrigue dans l'attitude d'Acquaviva. Il est sceptique quant à tes capacités de professionnel et pourtant il n'a de cesse qu'il ne t'ait intégré à son équipe.

D. L.- Vois-tu, on peut être un excellent amateur et n'avoir pas l'endurance nécessaire pour faire un bon professionnel. A l'époque, Acquaviva n'ignorait pas mes qualités exceptionnelles en tant qu'amateur. Mais il était plutôt sceptique quant à mon aptitude à aller plus loin. Il n'était pas seul. J'étais alors quelqu'un de frêle au physique et de fragile au moral. Les journalistes disaient de moi : *« - Lifa est courageux. Mais il est maigre, malingre. Il n'est pas à même de recevoir trop de coups. Heureusement, il sait esquiver, mais, d'un autre côté, il ne frappe pas ou alors pas assez fort. »* René jaugeait ce pour et ce contre, pariait tantôt pour l'un, tantôt pour l'autre. Peut-être ne pouvait-il s'empêcher de me voir avec les yeux d'un père et que cela faisait pencher le plateau de la balance en ma faveur. C'est en tout cas ce que je pensais en ce temps-là.

A. B.- Et aujourd'hui, tu ne crois plus qu'à moitié à cette explication ?

D. L.- Oh ! je continue à penser que M. Acquaviva m'aimait bien. Comme tous les autres m'ont aimé, tous ceux à qui j'ai eu affaire dans mon parcours de sportif. Je suis une personne qui a pour effet d'attendrir ceux que j'approche.

Mais surtout, Acquaviva constatait que je débordais d'énergie, de volonté, que j'en voulais, comme on dit, et que par conséquent j'étais l'élément qui allait dynamiser les vrais professionnels de son équipe, moi, le pauvre pseudo.

A. B.- Attends, ce que tu me dis à présent est tout simplement horrible.

D. L.- Et pourquoi ?

A. B.- Parce que cela signifie que ton entraîneur te met sciemment sur une voie de garage, une voie qui va te conduire aux plus cruelles déceptions : il te sacrifie à l'intérêt supérieur de son équipe. Son rapport à toi n'est pas affectif, mais politique.

D. L.- Comme tu y vas, mon cher André ! Et comme tu es peu aguerri à faire la part des choses ! C'est un milieu dur que celui de la compétition professionnelle. Il faut gagner, gagner à tout prix, et, pour cela, mettre tous les atouts de son côté. Quand tu es entraîneur, si tu commences à faire du sentiment, c'est toute ton équipe que tu mets parterre. Je reste persuadé qu'il m'aimait bien, René, qu'il souhaitait de tout cœur que je déjoue les pronostics et réussisse comme professionnel, mais, dans le cas présent, pour blinder ses gars, il n'avait pas d'autre solution que celle de se servir de moi, de mon enthousiasme communicatif.

Avec Acquaviva, ce n'est pas, ce ne peut pas être la même chose qu'avec Gaëtan Vitobello, mon vieux, mon bon maître du temps que j'étais amateur. Lui, Gaëtan, m'a tout donné, sans réserve ni arrière-pensée, avec le désintéressement, le dévouement le plus complet parce qu'il n'y avait pas d'autre enjeu dans son enseignement que son goût pour la boxe et son affection pour moi. C'est aujourd'hui seulement, après l'avoir perdu de vue depuis bientôt vingt ans que je me rends compte de la dette immense que j'ai vis-à-vis de lui. Il a été l'un de mes entraîneurs de cœur, l'un de ceux qui, avec Youbi Ramdane, ont vraiment, pleinement, compté. Les autres, je les ai aimés aussi, ils m'ont aimé, mais ça n'était pas, ça ne pouvait pas être la même chose.

A. B.- Donc, en devenant professionnel, tu mets les pieds dans un monde bien différent de celui que tu connaissais auparavant ?

D. L.- Tout à fait différent. Ce sont dix années dures qui m'attendent.

Souvent, au cours de ces dix années de professionnalisme, je me suis pris à penser que la ferraille familiale, si rude qu'elle avait été, avait fait partie du cocon de l'enfance en raison de l'amour sans mélange que nous nous portions, mon père et moi. Certes, elle était lourde aux épaules, la ferraille paternelle. Interminables, les journées passées sous son emprise. Mais c'était le prix à payer pour gagner l'estime du père et surtout le repas pris en commun dans la chaleur du foyer. Et avec le recul on en vient à penser que peut-être, tout compte fait, ce prix n'avait pas été si élevé qu'on l'avait cru sur l'instant. Les tendresses d'une réunion de famille parfois vous consolent de bien des choses.

Dans la sphère du professionnel, l'amour et l'affection ne constituent plus la finalité de ton action. La souffrance est le tribut qu'il faut verser pour parvenir à une gloire solitaire et finalement gratuite (car y a-t-il la moindre raison de battre comme plâtre un adversaire à qui tu n'as rien à reprocher ?).

Personne n'a souhaité que la ferraille soit ainsi faite qu'elle meurtrisse les épaules et le dos. Dans le métier du professionnel, tout est calculé pour faire mal, le plus de mal possible. Plus de faux-semblant et d'abord plus de casque : désormais il faut que les coups portent à même le visage et lui sculptent le faciès tuméfié du combattant-type. Plus de gants rembourrés pour amortir les coups, mais des gants petits, teigneux, méchants, enveloppant la main de bandages serrés afin que les coups soient encore plus percutants. Et le supplice traîne désormais en longueur : le tarif, c'est six rounds au moins, huit pour un match de gala et carrément dix pour un championnat national.

Et la compassion, où est passée la compassion ? La déroute éperdue d'Hafsia, jadis, lorsqu'on lui présentait une photographie de son fils en boxeur ! Un fils, ça se soigne à force de lait et de parfum ; on ne le met pas au monde, on ne l'élève pas pour qu'on vienne ensuite vous le défigurer. Au contraire, qui, dans mon entourage parisien, au cours de ces dix années de dérouillées, s'est jamais ému de mon visage en compote, de mon corps de la tête aux pieds endolori, martyrisé, ivre de souffrances et de désespoirs ? Tu croupis encore au coin du ring au bord de la syncope que déjà les journalistes te harcèlent de questions. Tu exhales ton dernier soupir et ils te pressent comme un citron pour extraire de toi leur papier dans *l'Equip*e de demain matin. Là encore, tu me diras peut-être : c'est inhumain. Mais faut-il par humanité envoyer les journalistes au chômage ? D'ailleurs, ils m'aiment bien, les journalistes, ils ont de l'affection pour moi et volontiers ils me la témoigneraient, n'était l'article qu'ils doivent écrire de toute urgence.

Michel Acariès, le promoteur de Canal +, visiblement il m'adore, lui aussi. Chaque fois qu'il me voit, ce Pied-Noir expansif me prend entre pouce et index un morceau de joue, me l'arrache et le porte à ses lèvres pour un baiser extatique, en laissant échapper ce cri du cœur : « *Ah ! celui-là, c'est-il Dieu possible ? on n'en peut plus, on l'aime trop !* » Mais alors, dans la négociation des contrats, le voilà tout à coup changé en fauve. Le claquement cinglant du tiroir-caisse bat, dirait-on, la mesure de ses discours. Et si j'ai besoin d'une avance (n'évoquons même pas une augmentation !) pour payer les traites de mon appartement, il me renvoie vertement au sens des réalités : est-ce que par hasard je chercherais à envoyer la Fédération à la ruine ? *« - Il n'y a pas de sous dans les caisses, Djamel, pas de sous. »* Pas de sous pour moi, en tout cas : il a bien d'autres chats à fouetter, d'autres projets à financer.

C'est comme ça, c'est terriblement comme ça. Ce monde-là est une invention du diable. Et les meilleures intentions de tous, entraîneurs, promoteurs, journalistes, etc., viennent paver cet Enfer-là. Oui, dans le fond, ce sont tous des braves gens, les Acquaviva, Acariès, et *tutti quanti*, mais ils sont pris dans un maelström dont les commandes leur échappent. Au sein de ce système, je suis devenu, par la force des choses, un objet. Une marchandise dont les coûts de fabrication et d'entretien ne doivent pas excéder le prix de vente.

Autre chose encore me désole. J'avais rêvé de devenir professionnel. Mais, dans mon esprit, l'accession à ce titre, je ne la devrais qu'à moi-même, au terme d'une épopée au cours de laquelle je me serais imposé, en héros, à l'admiration de tous. Cette qualification, je l'aurais arraché à la force de mes poings. Hélas ! je découvre que ni ma volonté, ni mon effort, ni mon mérite ne sont pour rien dans ma promotion au grade de professionnel. C'est *On*, pas moi, qui décide de mon sort. C'est par le décret de *On* que je me trouve transporté dans ce milieu du professionnalisme. *On* sait très bien qu'il n'y a aucune performance à espérer de moi dans cette nouvelle carrière : *On* m'a fait entrer dans ce théâtre simplement parce que je dois jouer les utilités dans le spectacle qui y est donné. En vérité, je n'ai aucune prise sur mes nerfs ni sur mes tendons : je ne suis qu'un pantin articulé s'agitant au gré de ficelles manipulées de l'extérieur, dans des coulisses auxquelles je n'ai pas accès.

A. B.- J'ai souvenir d'un remarquable spectacle donné il y a quelques années à la télévision. On y voyait une marionnette lancée dans une danse aérienne. Elle semblait se griser de sa propre fantaisie, de sa prodigieuse liberté de mouvements. Mais, voici qu'un fil au bout de ses doigts attire son attention, puis d'autres fils attachés à ses jambes. Elle suit des yeux tous ces fils, élève son regard vers le lieu d'où ils proviennent et finit par repérer celui qui les actionne, le montreur de marionnettes. Elle découvre bientôt que sa liberté d'il y a un instant n'était qu'un leurre. Alors, un grand abattement tombe sur le petit être. Douloureusement, ses illusions agonisent et meurent. Le voici exclu de la troupe joyeuse des acteurs qui faisaient vivre le spectacle. Il assiste, désolé, à l'évasion de son âme. Bientôt, il n'est plus qu'un pitoyable petit morceau de bois.

D. L.- C'est à peu près de cette mort que j'ai cru mourir moi-même en découvrant que je n'étais pas autre chose qu'un morceau de bois de cette sorte.

A. B.- L'histoire de ce pantin est poignante, c'est vrai. Mais je ne puis donner tout à fait raison à son auteur. Car, selon moi, il n'y a pas lieu de se lamenter outre mesure de n'être dans la vie qu'une marionnette.

D. L.- Précise ta pensée.

A. B.- Un grec disait : « *Souviens-toi que tu es comme un acteur dans une pièce, longue ou courte, où l'auteur a voulu te faire entrer. S'il veut que tu joues le rôle d'un mendiant, joue-le du mieux qu'il te sera possible. De même, s'il veut que tu joues celui d'un boiteux, d'un prince, d'un homme du peuple, joue-le convenablement. C'est à toi de bien jouer le personnage qui t'a été confié ; quant au soin de le choisir, c'est à un autre qu'il appartient.* »[13]

---

[13] Epictète.-*Pensées et entretiens.*

Mais, laissons cela. Donc, ton entraîneur ne croit pas en ton avenir de professionnel. Et toi, que fais-tu pour le détromper ?

D. L.- J'entame ma carrière à la Halle Carpentier à Paris. Et c'est là que commence une campagne à la Bonaparte, pardonne la prétention. En l'espace d'une année, 8 combats, 8 victoires, des victoires nettes et sans bavures et de plus en plus éclatantes car tout au long de cette série je suis confronté à des adversaires de plus en plus prestigieux. Dans l'histoire de la boxe, peu d'amateurs se sont aussi vite adaptés au professionnalisme. Le grand Proto lui-même a mis plus de temps pour réussir cette métamorphose. Tous ceux, dans la profession, qui sont chargés de jauger les talents et de pronostiquer leur avenir sont déroutés. De tous côtés, on commence à se demander jusqu'où je vais aller, qui pourra jamais m'arrêter. Devant cette ascension foudroyante, devant le ralliement des experts à mon panache blanc, à leur tour les doutes de René Acquaviva volent en éclats. Dès le quatrième ou cinquième combat, il comprend que je suis le cheval qu'il faut bouchonner en priorité, à qui il faut donner le meilleur foin. Aussitôt, il change ses plans de bataille. Toute la mise sur Djamel Lifa. Il dépêche son intendance à mes côtés, met à mon service ses meilleurs conseillers, ses soigneurs les plus efficaces. Il veille en personne au bon déroulement de mon entraînement.

Au 8e combat qui clôt cette année-là, je deviens champion de France super plumes (moins de 59 kilos) contre Didier Schaeffer.

C'est ma première vraie consécration, la première grande joie de ma vie de boxeur.

Avec moi, la vie n'a pas été avare de cadeaux inattendus. Mais aucun n'égalera celui que j'ai reçu à l'occasion de ce triomphe. Il faut d'abord que je te dise que, depuis ma petite enfance, mon boxeur préféré a toujours été Marvin Hagler. Lorsque je travaillais encore dans l'entreprise paternelle, voici que, au milieu d'une nuit d'insomnie et de guet, je sors de mon lit, me lève en catimini et me glisse dans la salle à manger afin d'aller voir à la télévision un match opposant mon héros à Ray

Sugar Leonard, une autre légende de la boxe. Quand Marvin est battu au terme d'un combat qui restera à jamais dans les annales de la boxe, je me mets à verser toutes les larmes de mon corps. Survient mon père, qui a été réveillé par mes sanglots. *« - Mais que fais-tu à traîner à cette heure-ci hors de ton lit, quand nous allons avoir tant de travail demain matin ? Et qu'est-ce qu'il te prend de pleurer ainsi pour quelqu'un que tu ne connais pas, que tu ne rencontreras jamais ? »* Une décennie après cette scène, je deviens champion de France. Or, il se trouve que, chaque année, Jean-Claude Bouttier, le grand champion devenu consultant (c'est-à-dire commentateur) à Canal +, organise des remises de gants symboliques (gants d'or, d'argent ou de bronze) et aussi aux meilleurs espoirs de la boxe française. Je suis convoqué à mon tour pour recevoir cette distinction. Première surprise qui m'arrache la primeur de mes larmes : on me désigne comme le meilleur espoir de l'année. Seconde surprise qui va porter le coup de grâce à ma capacité de supporter la joie : qui vois-je arriver pour me remettre le gant du meilleur espoir ? Marvin Hagler en personne. N'était l'exigence de retenue, volontiers j'aurais versé sur son épaule le reste de mes larmes, éperdu d'émotion comme dix ans plus tôt devant son image à la télévision.

Cette accession au titre de champion de France a donc été l'occasion de quelques-unes des plus grandes joies de mon existence. Mais aussi la cause de ma plus grande déception parce que, juchées sur leurs balais, les sorcières du business se précipitent alors sur moi, m'empaquètent, me ficellent et m'expédient vers ma nouvelle destination : cette carrière de marchandise dont je t'ai parlé tout à l'heure.

Fin 94, sur les conseils d'Acquaviva, je viens m'installer avec *Elle* à Paris. La période d'Istres au cours de laquelle je suis devenu le meilleur amateur de ma génération, puis champion de France, s'achève. Commence alors la période parisienne où mon ascension va me conduire au niveau des meilleurs boxeurs européens.

A. B.- Peux-tu en quelques mots définir cette façon de boxer dont tu as le secret et qui fait merveilles sur merveilles ?

D. L.- Mohammed Ali (Cassius Clay) a qualifié en ces termes une certaine façon de boxer : « - *Je vole comme un papillon et je pique comme une abeille.* » Cette double image s'applique assez bien à ma technique. Mes adversaires ont le plus grand mal à me capturer dans leurs filets. Je suis toujours ailleurs qu'au point d'arrivée de leurs gants. C'est mon côté papillon. Je mets à profit l'instant d'ahurissement où les jettent mes esquives pour les piquer là où ça fait mal. Et si je ne frappe pas très fort, de ces coups qui vous coupent le souffle et vous assomment, en revanche le déluge de minuscules frappes que de tous côtés je fais pleuvoir sur eux finit par leur cuire, par leur brûler le cuir. Voilà pour mon côté abeille.

Je ne sais plus lequel de mes adversaires avait une peau particulièrement sensible. Au sortir de son combat contre moi, il avait le torse si rouge qu'on l'aurait dit passé à la râpe. Je le vois encore qui ajoutait à son mal en se griffant la poitrine, comme s'il tentait de s'arracher un vêtement en flamme, comme s'il était...

A. B.- ...Hercule incandescent sous la tunique de Nessus[14].

D. L.- Cette douleur spéciale que j'inflige à mes challengers a la propriété de les rendre hagards, de les aveugler. Ils en deviennent comme des fantômes errants à la recherche d'un spectre insaisissable.

Tel est mon style de boxe : l'art de l'esquive répétitive et du harcèlement minuscule. Le contraire de cette boxe en force que, lors de mes futurs championnats d'Europe, Louis Acariès allait vainement tenter de m'enseigner.

A. B. (*songeur*) - *L'abeille et le papillon.*

---

[14] Dans la mythologie grecque, cette tunique était la propriété du centaure Nessus. Son tissu était imprégné du venin de l'Hydre de Lerne en sorte que celui qui la revêtait ne pouvait plus l'ôter et devenait la proie de brûlures intolérables. Hercule qui eut le malheur de s'envelopper de cette tunique se jeta en un bûcher, préférant les flammes de celui-ci aux charbons ardents de cet habit.

D. L.- Je ne doute pas que tu saisisses l'occasion pour nous inventer quelque fable de ta façon sur ces charmants insectes.

A. B.- Comment ne me viendrait-elle pas à l'esprit ?

D. L.- Eh bien, en ce cas, récite la.

A. B.- Plus tard, quand sera venu pour toi le moment de ranger tes gants, tes ailes et ton aiguillon.

Pour l'instant, dis-moi plutôt ce que tu fais à Paris lorsque tu ne joues pas les abeilles et les papillons.

D. L.- Comme lors de mes débuts à Istres, je me préoccupe avant tout de me prémunir contre les aléas d'une carrière comme la mienne. J'entre donc comme éducateur à la mairie de Thiais, une petite ville tranquille encerclée par la jungle des banlieues difficiles. (J'y vis encore aujourd'hui.)

Le reste du temps, je joue les stars au petit pied afin de satisfaire ma soif de reconnaissance. Et, désormais, je n'ai plus aucune peine à l'étancher. Il faut dire que mes matchs sont diffusés en boucle sur Canal +. Mes traits commencent à devenir familiers aux téléspectateurs. En conséquence, chaque fois que je descends les Champs Elysées, des dizaines de promeneurs m'approchent, m'entourent, me fêtent. Je passe mon temps à discuter boxe avec eux, à signer des autographes, parfois à m'asseoir en leur compagnie à une terrasse de café. En un mot, je me fais aimer. Et je suis heureux, heureux comme à ma première tétée.

A. B.- Il y a, je crois, deux sortes de bain de foule : celui qui vise à parader devant ceux qui vous admirent…

D. L.- … et celui, beaucoup plus gratifiant, qui consiste en un échange de sympathie.

A. B. - Venons-en à la suite de ta carrière.

D. L.- Nous la survolerons à assez grande vitesse, faute de quoi le propos deviendrait vite répétitif.

J'ai ma première chance européenne au Palais omnisport Marcel Cerdan à Levallois-Perret face au redoutable russe Anatoly Alexandrov. Le combat le plus dur de ma vie. Je suis battu, mais je m'en tire avec les honneurs : j'ai donné du fil à retordre à mon adversaire, je l'ai même envoyé au tapis, lui qui n'avait jamais mordu la poussière et, au total, j'ai perdu de justesse. Au vu de cette défaite auréolée de gloire, nul ne doute que j'aie l'étoffe d'un grand champion.

En avril 97, je me représente comme challenger pour le championnat d'Europe, cette fois contre Moussa Sangare dont la carrière professionnelle est impressionnante. Le combat a lieu au Palais omnisport de Thiais que Richard Dell'Agnola, le député - maire, a obligeamment mis à notre disposition. Ma technique – celle de l'abeille et du papillon - est à son apogée : je remporte le titre.

A. B.- Et pourquoi n'es-tu pas devenu champion du monde ?

D. L.- *That is the question.* On ne m'a pas accordé l'occasion de concourir pour le titre.

A. B.- Comment ? Tu étais parmi les meilleurs européens et on ne t'a pas donné ta chance pour un championnat du monde ?

D. L.- Eh non ! C'est une histoire pénible et que j'ai quelque peine à raconter. La voici, tout de même :

Je dois avouer que depuis mon accession au titre de champion de France, je me sentais humilié d'être payé au compte – gouttes, à l'inverse d'autres boxeurs de même niveau que moi, tel Rahilou. En outre, après l'obtention du titre européen, j'avais un grand besoin d'argent pour financer l'achat de ma maison. Aussi, lorsque je me suis trouvé dans le cas de remettre mon titre en jeu contre le russe Boris Sinitsin, je suis allé prier Michel Acariès d'augmenter ma bourse. Réponse : *« - Djamel, les caisses sont vides ! »*

J'étais tellement mortifié que j'ai fait part de mon amertume à un journaliste de l'*Equipe.* Lequel a rapporté mon propos à son journal. J'imagine qu'en prenant connaissance de l'article de *l'Equipe,* les frères Acariès ont dû se sentir personnellement mis en cause.

Lorsque je les ai revus, aucun des deux n'a fait la moindre allusion à l'incident. Mais la froideur qu'ils me témoignaient était plus qu'éloquente. Dans les regards furibonds que me décochait Michel, je pouvais lire toute une diatribe : *« - Qu'est-ce donc que tu t'imagines pour cracher dans la soupe comme tu fais ? Sais-tu seulement ce que c'est qu'un espoir de la boxe ? Quelqu'un qui fait le pied de grue devant chez moi dans l'espoir d'être tiré du lot des solliciteurs, quelqu'un qui ne conquiert la gloire que si j'ai d'abord consenti à lui laisser franchir le portillon. Sais-tu que des champions dans ton genre, il y en a par centaines ? Si le promoteur te refoule, tu cesses illico d'être le premier poids plume d'Europe et le titre revient séance tenante à un autre. »*

J'allais payer mon impudence par une longue traversée du désert.

A. B.- Quoi ? On t'a mis au chômage ?

D. L.- Mais oui. Et l'on m'a laissé ronger mon frein pendant cinq mois pleins.

Puis, la colère de Michel a paru s'apaiser. Un beau jour, il m'appelle au téléphone. Je me crois rentré en grâce, j'exulte. Mais, ô déception, on me propose comme nouveau challenger Anatoly Alexandrov, le seul qui m'ait battu en professionnel, le seul adversaire capable de me faire perdre confiance en moi. Autrement dit, Michel me soumet à l'épreuve de la douche écossaise. La correction qu'il entend m'administrer suit son cours.

Que faire ? Je suis bien obligé de prendre ce que l'on m'offre. Va pour la rencontre avec Alexandrov.

Le combat est d'une extrême dureté. Bien que j'aille à la limite de mes forces, je le perds aux points.

Je suis accablé, désespéré. Mais le plus dur m'attend dans les vestiaires. Louis vient m'y rejoindre, se penche à mon oreille et murmure : *« - Eh bien, adieu, Djamel, c'est une belle carrière qui s'achève ! »*

A. B.- Mais c'est l'estocade qu'il te porte.

D. L.- Un coup de revolver. Mais pas le coup de grâce. Car d'ici quelque temps, les frères Acariès vont de nouveau me donner ma chance.

A. B.- Mais si je comprends bien, ils jouent avec toi un jeu cruel. Ils alternent le chaud et le froid. Ils allument un espoir pour mieux te décevoir ensuite.

D. L.- C'est bien ainsi que, de façon épidermique, je ressens les choses. Mais dans le fond, je ne crois pas à un tel machiavélisme de leur part. Je pense qu'ils sont partagés entre une certaine rancœur qu'ils nourrissent à mon endroit depuis mes récriminations devant le journaliste de *l'Equipe* et l'affection qu'ils me conservent malgré tout. De toute manière, on ne mène pas une carrière de promoteur avec des rancoeurs et des sympathies. Leur attitude varie à mon égard selon qu'ils doutent de mes capacités ou se remettent à croire en elles.

De mon côté, je ne veux pas en rester sur mon échec face à Alexandrov : je sens que j'ai encore des choses à prouver sur un ring. Des semaines durant, je m'accroche, je sollicite. Et voilà qu'un beau jour – la chose se passe dans le hall d'un hôtel de Las Vegas -, Michel Acariès me dit à brûle-pourpoint : *« - Bon, tu veux encore en découdre ? Très bien. On va te donner ta chance. Désormais, tu combattras dans les poids légers ; nous verrons bien les résultats. »*

Et il tient parole : il me fournit plusieurs occasions de combat. Me voici reparti pour une nouvelle carrière fulgurante, la troisième de ma vie, celle-ci dans les poids légers. Très vite, je m'impose comme champion de France dans cette nouvelle catégorie.

Pour moi, c'est un nouveau départ, une renaissance. Je vis les moments les plus forts de toute ma vie professionnelle. Chaque fois que je me produis, ce sont, dans les salles, des publics debout, en proie à une liesse indescriptible. Dans la presse, c'est un déluge d'articles dithyrambiques : je ne sais s'il y en a jamais eu l'équivalent dans l'histoire de la boxe. Je deviens la folie Lifa. Je traverse un moment d'intense communion avec la foule, un de ces moments où tous, moi compris évidemment, se grisent de la gloire nouvelle qui vient d'être révélée au monde.

On a le sentiment que, pêle-mêle, promoteurs, entraîneurs, gens du métier sont tous mis hors circuit ; que c'est le public qui m'élit par acclamations et me porte sur ses épaules jusqu'au championnat du monde.

Cette fois, j'ai convaincu les frères Acariès de ma valeur. Ils vont me faire rencontrer à Bercy Bruno Wartelle, le meilleur amateur français de sa génération, qui fait en professionnel une carrière américaine mémorable. Or, cette rencontre est, officieusement, une demi-finale mondiale. En effet, dans la même soirée, Jean-Baptiste Mendy va défendre son titre de champion du monde face à Julien Lorcy. Le vainqueur doit affronter celui qui, de Wartelle ou de moi, l'emportera.

Eh bien ! c'est moi qui l'emporte, au cours d'un combat qui a été, selon les spécialistes, un morceau d'anthologie et l'apogée de ma carrière.

Cependant, je ne sais pour quel empêchement, mon combat contre Lorcy, le vainqueur de Mendy, ne peut avoir lieu. Faute de mieux, les frères Acariès vont m'opposer au champion d'Europe poids léger Oscar Cano.

J'avais alors pour entraîneur un Monsieur Benamou que j'aimais beaucoup. Mais, pour l'occurrence, c'est Louis Acariès lui-même qui tient à prendre en charge mon entraînement. Et c'est alors que se produit une bévue fatale. Il me persuade que ma stratégie de l'abeille et du papillon sera sans efficacité face à Cano. Il plaide en faveur d'une manière de faire toute différente : la tête rentrée dans les épaules, bien emmitouflée derrière mes gants. En somme, la technique de l'escargot rentré dans sa coquille. Tu incites l'adversaire à se couvrir comme toi. Tu guettes les coins de son corps qui demeurent à découvert et tu y décoches tes coups : le jet de bave inattendu de l'escargot.

Et moi, élève docile, j'applique à la lettre les directives du maître : renonçant à la danse aérienne de mes gracieux insectes, je m'essaie au surplace du mollusque. Hélas ! Cano n'a aucune peine à battre le mollasson.

Après cela, *malheur aux vaincus,* c'est la chute, le déclassement, l'humiliation. On ne me propose plus que des combats au-dessous de mon niveau : des championnats de France. S'ensuivent une série de victoires faciles à pleurer. Je souffre, comme d'un trop-plein, de mes compétences inemployées.

Je supplie qu'on me propose au moins un combat digne de mon niveau. A la fin, Michel Acariès consent à ma demande : c'est entendu, je combattrais pour le championnat d'Europe. Et lorsque, éperdu de joie, je m'enquiers : *« - Où et contre qui doit avoir lieu la rencontre ? »*, la terrible réponse tombe : *« - En Italie, contre Stefano Zoff. »*

A. B.- Qu'y a-t-il de si terrible dans cette annonce ?

D. L.- Ce Stefano Zoff avait quelque chose d'effrayant, d'inhumain. L'aspect d'un taureau écumant. Certes, en principe, un boxeur n'a que faire des apparences. Il est tout simplement confronté à une technique à laquelle il doit opposer la sienne. Mais je me trouvais alors en état de moindre résistance : les combats subalternes auxquels on m'avait astreint m'avaient fait perdre beaucoup de mon assurance et de ma pugnacité. Je me suis donc laissé impressionner par les apparences, c'est vrai. En outre, on m'envoyait en Italie, pays que j'adore pour ses merveilles artistiques et pour ses citoyens si colorés, si plein d'exubérance, mais, il faut bien le dire, pays peuplé des plus chauvins de tous les supporters du monde. Tout boxeur qui va se produire là-bas a le sentiment que le monde entier est ligué contre lui.

Après les matchs insipides auxquels on m'avait condamné, j'avais besoin d'une convalescence : il aurait fallu me redonner progressivement confiance en moi en me plaçant d'abord devant des publics favorables, ou du moins plus faciles que les Italiens. Au lieu de cela, on m'a expédié à l'abattoir.

Le taureau écumant s'est donc précipité sur moi. Les ailes du papillon, le dard de l'abeille de saisissement sont restés paralysés. Tout le match durant, j'ai perdu jusqu'au souvenir de la technique qui si souvent avait fait merveille. Et j'ai été battu.

Irrémédiablement battu. Vaincu à tout jamais, non par mes adversaires – ceux-là, en vérité, n'ont jamais eu raison de ma volonté -, mais par les déceptions successives qui se sont déversées sur mes épaules.

A. B.- Tu dois en vouloir aux frères Acariès, à Michel surtout.

D. L.- Peut-être m'aurait-il accordé une autre chance, si je m'étais cramponné à mes gants. La décision d'abandonner la boxe n'était le fait de personne d'autre que moi.

A. B.- On a tout de même l'impression qu'une si belle histoire, la tienne, finit mal soit à cause d'un différend absurde avec ton entraîneur, soit en raison du fait qu'il n'a pas su organiser ta carrière avec assez de clairvoyance.

D. L.- On dit souvent : *Tout est bien qui finit bien.* Ce qui implique que *tout est mal qui finit mal.* Mais moi, je ne vois pas les choses ainsi. La fin n'est qu'un moment parmi d'autres d'une histoire. J'ai eu des différends et même des conflits avec mes entraîneurs, mes promoteurs, tous les gens du métier que j'ai pu côtoyer au cours de ma carrière. Mais tous ceux-là, les Acquaviva, les Acariès et les autres, aux moments les plus importants de ma vie, je les ai aimés, adorés. Aujourd'hui qu'ils ont cessé d'être mes proches pour devenirs des souvenirs, je ne veux plus me rappeler qu'une chose : l'affection, l'adoration que je leur ai vouée un jour.

Un mot encore. De cette période qui va clore ma carrière, je me souviens avec un tendre émerveillement, de mon ultime entraîneur, M. Benamou, un homme humble, attentif, respectueux de son élève, cherchant moins à me léguer son savoir-faire qu'à sonder mes ressources propres pour les mettre en valeur. Il disait toujours qu'il n'avait rien à m'apprendre, ce qui n'était pas vrai, et sa modestie était telle qu'il ne voulait même pas constater les résultats de son enseignement : il n'assistait pas à mes matchs, disant que c'était à moi, non à lui, de recueillir les lauriers de la victoire. Il avait été chorégraphe et soutenait que ce métier était identique à celui d'entraîneur, que la boxe est une danse et que dans ce sport la grâce du geste est inséparable de son efficacité. Certes, cet homme-là a aimé les abeilles et les papillons.

M. Zoubid Benamou a rejoint dans mon cœur mes deux autres entraîneurs préférés, Gaëtan Vitobello et Youbi Ramdane.

*

* *

André Benzimra.- Donc, après ce match contre l'Italien et l'Italie, tu plies bagage. Et voici venu le temps du grand silence blanc où les hourras vont se taire, où les passants vont te croiser sans te reconnaître, où le téléphone va cesser de sonner.

Djamel Lifa.- Oui. Quelques années après cette défaite, alors que j'errais dans Paris, songeant justement à cet ultime combat et à la solitude qui allait le suivre, je croise boulevard Saint Germain un vieux Monsieur de haute taille, mais qui semble brisé, cassé en deux. A peine peut-il se redresser et faire encore bonne figure lorsque de rares, très rares, passants s'attardent à le saluer. C'est le président Jacques Chirac passé du tapis rouge à l'asphalte.

A. B.- A son exemple, bien des hommes d'Etat, bien des célébrités d'un moment achèveront, honteux et confus, les derniers mètres de leur promenade terrestre, salués de loin en loin, de très loin en très loin, par les coups de chapeau de leurs ultimes admirateurs.

Combien plus enviables durent être les derniers jours de ton sage de Djakarta. Il les passa, je le présume, heureux et serein comme tous les autres jours de son existence, assis, les jambes croisées, sur son tapis de méditation au milieu de la paille de son habitation de fortune.

X

L'abeille et le papillon

André Benzimra.- Voici donc venu le jour où tu raccroches définitivement tes gants. Que fais-tu alors pour meubler le vide soudain de ton existence ?

Djamel Lifa.- Mon emploi à la mairie de Thiais ne m'occupe pas assez. Je cherche un petit travail complémentaire et de 2003 à 2006, je trouve à m'employer comme entraîneur de boxe au Cercle municipal sportif de Bonneuil-sur-Marne, non loin de Saint-Maur où j'ai toujours mon appartement.

A. B.- Ensuite, ta compagne te quitte…

D.- L.- Après la gloire, à son tour l'amour m'abandonne. Je vends mon appartement, viens habiter Thiais, près de mon travail. Je m'y sens trop seul, trop désoeuvré. Je commence à redouter de sombrer dans l'un de ces vices qui guettent les champions descendus de leur piédestal : le laisser-aller, l'alcool, la drogue… Pour fuir ces tentations, je me rapproche de mes amis. A leur contact, je me découvre un devoir de transmettre ce que j'ai appris : l'art de cultiver son corps. J'entraîne donc quelques-uns d'entre eux, ceux qui sont désireux de perdre du poids ou encore de se sentir chez eux dans leur corps. Je leur apprends à marcher, à courir, à respirer, à se détendre, éventuellement à se défendre. Je règle leurs problèmes avec leur abdomen, leurs hanches ou leur fessier. De temps à autre, je leur parle de leur âme et leur demande si tout va bien de ce côté-là. La réponse est toujours la même : « *Oui, mais…* » Et alors, je découvre que la souffrance, petite ou grande, couve chez tout le monde, que le mal-être est, à des degrés divers, universel. N'entré-je pas moi-même dans la catégorie du *Oui, mais… ? Oui,* je vais bien, j'ai de la santé, du travail, un logis, je mange à ma faim, *mais* on ne les entend plus, les supporters ; elle est partie, celle qui me prenait entre ses bras… *Oui, mais…* En général, *oui,* c'est le corps, la vie matérielle, et *mais,* c'est la vie de l'âme. Chez les hommes d'aujourd'hui, malgré le chômage, la misère etc., c'est encore l'âme qui est le plus en souffrance… Sans doute parce que ce qui fait le plus cruellement défaut dans notre société, c'est le manque de fraternité, la dureté de cœur, l'indifférence de tous à l'égard de tous…

A. B.- Donc tu deviens le médecin des âmes en même temps que l'entraîneur des corps.

D. L.- Dans une certaine mesure, oui. Oh ! ce n'est pas que je me mêle de dénouer l'imbroglio de leurs problèmes psychologiques, je n'y entendrais rien. Mais d'instinct, je sais, selon le type de souffrance morale à laquelle j'ai affaire, à quel organe il convient de s'attaquer. Au poumon si la personne se trouve dans une situation qui l'étouffe. A la rate si elle a perdu le sens du rire. Aux replis du ventre si elle est empêtrée dans une situation qui lui interdit d'aller de l'avant. Etc. Mais, d'une façon générale, le sport, quelle que soit la partie du corps qu'il fait travailler, est une merveilleuse médecine de l'âme. C'est parfois égoïste, l'âme ; il arrive qu'elle exige tout pour elle et ne veut rien laisser au corps, qu'elle se replie sur ses problèmes et les rumine, sans égard aux besoins du corps. Or ce repliement sur soi aggrave les problèmes de l'âme, bien loin de les soulager. C'est pourquoi, si tu imposes silence à celle-ci et l'oblige à accorder au corps la part qui lui revient, eh bien, il va être reconnaissant, ce corps, et il va rendre à l'âme le centuple de ce qu'elle lui a consenti. Au cours de l'activité sportive, le corps fabrique une certaine substance qui est quelque chose comme le philtre du bonheur. Bien entendu, cet élixir ne résout aucun de tes problèmes. Il a simplement la propriété d'atténuer leur apparente gravité.

A. B. *(riant de bon cœur)*- Voilà un discours qui nous change des sermons sans nuances que nous tiennent les contempteurs du corps, prêtres pâlichons aussi bien qu'intégristes rouges de colère, tous ces faux dévots qui ont avalé de travers leur manuel d'histoire sainte. A les entendre, le corps n'est rien qu'un gouffre de perdition où l'âme est constamment menacée de s'abîmer. Tu démontres, quant à toi, que le corps peut aussi devenir le sauveteur de l'esprit.

D. L.- Pour moi, la chose ne fait aucun doute. Le corps et l'âme peuvent s'avilir l'un l'autre, comme ils peuvent exercer l'un sur l'autre une action salutaire. Chacun peut être pour l'autre son ange ou son démon.

A. B.- C'est pourquoi il convient de veiller sur leur bonne santé à tous les deux et avec une égale sollicitude, ainsi que le suggère l'adage maçonnique : *Un maître maçon se retrouve toujours entre l'équerre et le compas,* c'est-à-dire entre la terre et le ciel[15], entre le corps et l'esprit.

D. L.- Un jour, faisant mon footing dans le bois de Vincennes, je croise un bonhomme d'au moins quatre-vingt-dix ans, qui court aussi de son côté. Il a placé un bâton sur ses épaules, derrière sa nuque, et il l'entoure de ses deux bras afin de se maintenir droit. On dirait un âne attaché à son bât, sauf que c'est lui-même qui s'oblige à galoper. Je rebrousse chemin, hâte le pas, le rejoins et trotte à ses côtés. Soudain, je le reconnais. *« - Mais vous êtes Alain Mimoun, le coureur de fond. – Tout juste, gamin. Et toi, tu es Lifa, le petit boxeur. Alors, tu t'es mis à la course ? –Et vous-même, M. Mimoun, vous courez encore ? – Ah ! moi, si je cesse de courir, mon âme dépérit et je meurs. »* Puis, il m'ignore, s'éloigne et s'adressant à lui-même : *« Allez, hue ! cocotte, cours après ta carotte ! »* Voilà un qui n'ignorait pas les bienfaits du corps sur l'esprit.

A. B.- Il n'est pas le seul. A ce que j'ai entendu dire, certain président a mis l'ensemble de son ministère en survêtement.

Donc, le remède que tu administres à ton désoeuvrement, c'est le sport. Rien d'autre ?

---

[15] Le compas est considéré comme un symbole du ciel parce qu'il permet de tracer des cercles et que la voûte céleste au-dessus de nous ressemble à une demi sphère. L'équerre est regardée comme un symbole de la terre parce qu'elle permet de tracer des lignes sans courbe ni relief, ce qui évoque la plupart des paysages terrestres. A son tour, en raison de son élévation, le ciel évoque l'esprit ; et le corps évoque la terre dont il subit l'attraction.

D. L.- C'est à époque que je rencontre la Franc-Maçonnerie. Mais je ne dirais pas qu'elle a été un remède à mon désoeuvrement. Plutôt une sorte de promesse.

A. B.- Quelle promesse ?

D. L.- De m'aider à répondre à certaines questions existentielles que je commençais alors de me poser : qu'est-ce que je fais, moi, Djamel, sur cette terre ? d'une façon générale en vue de quelle destination sommes-nous faits, nous autres hommes ? pourquoi l'humanité est-elle si dure avec elle-même quand elle pourrait aménager son habitacle terrestre afin de le rendre propice au bonheur de tous ?

Des questions vagues comme celles-là auxquelles d'ailleurs la Maçonnerie ne répond pas elle-même, son seul objectif étant de t'amener à te connaître toi-même afin de te rendre capable de résoudre, par tes propres moyens, les énigmes qui te tourmentent.

Mais soyons clair : lorsque je rencontre la Franc-Maçonnerie, je n'ai rigoureusement aucune idée de ce qu'elle est ni de ce qu'elle peut apporter à ses membres. Même lorsque je décide de solliciter l'entrée du Temple, j'ignore encore complètement ce que je vais y faire. Bien sûr, je me représente l'Ordre comme une vaste famille, très unie, très solidaire, et moi, j'ai toujours eu besoin de me sentir intégré dans une grande famille : celle des Lifa ; les clubs sportifs ; l'armée, etc. Mais des sociétés où l'on tisse des liens de fraternité, il y en a beaucoup. Pourquoi avoir jeté mon dévolu sur celle-ci plutôt que sur une autre ? C'est vraiment une chose étrange que cette attraction exercée par une organisation, la Franc-Maçonnerie, que l'on ne peut pas du tout connaître lorsqu'on se tient à l'extérieur, que l'on ne comprend pas beaucoup plus dans les premiers temps de notre vie maçonnique.

Tout cela ne laisse pas d'inquiéter lorsqu'on est un Maçon de fraîche date : on se demande si l'on n'a pas été l'attrape-nigaud d'une secte. Mais on a vite fait de comprendre qu'il n'en est rien, puisqu'il n'y a dans cette société ni dogme ni gourou ; que toutes les opinions philosophiques, politiques, religieuses y sont également respectées ; que l'on y apprend à penser par soi-même ; et enfin qu'on est libre de quitter l'Ordre quand il nous plaira sans que nul ne vienne entraver notre résolution.

A. B.- Qui t'a parlé de l'Ordre maçonnique, qui t'a inspiré le désir d'en faire partie ?

D. L.- Je ne puis évidemment te dévoiler son identité car il n'a pas forcément envie que soit connue sa qualité de Maçon. Disons que c'était un de ces hommes à qui on aurait envie de ressembler. Une intelligence supérieure jointe à une grande sensibilité : ces deux choses qui font rarement bon ménage ensemble. L'inquiétude, la vigilance constantes d'un homme qui s'impose l'obligation d'être exemplaire. Et puis, par-dessus tout, un esprit rompu à sonder les secrets de l'existence et un expert en l'humanité de l'homme. Tout cela est assez difficile à cerner et davantage encore à préciser en raison de l'originalité des Francs-Maçons dès lors qu'ils sont suffisamment imprégnés des vertus maçonniques. Ce sont des gens différents. Je n'ai aucun mépris pour le monde profane qui peut avoir ses honnêtes gens, ses philosophes et ses sages. Je veux simplement dire qu'un vrai Franc-Maçon est un érudit qui ne sait pas les mêmes choses que les érudits, un sage qui est d'une autre essence que celle des sages, un philosophe qui raisonne autrement que les philosophes. C'est un être d'une autre planète. Lorsque j'ai connu celui-ci, je me suis dit : *« -Voilà. Le sens de la vie est là. C'est comme lui que je voudrais être. »*

A. B.- Comme lui ?

D. L.- Non, je veux dire qu'il faut être pleinement soi-même, comme lui savait le faire.

Mais naturellement, la rencontre d'un tel homme ne constituait pas une raison suffisante pour demander mon admission en Franc-Maçonnerie. Pouvais-je savoir si ses qualités lui venaient de son appartenance à l'Ordre ?

On ne peut que répéter ceci : on ne sait pas pourquoi on demande l'entrée d'un Temple maçonnique.

A. B.- Peut-être défère-t-on à la convocation du Grand Architecte de l'Univers.

D. L.- Voilà, c'est ce genre d'explications qu'on peut fournir lorsqu'on ignore la raison véritable des choses.

En tout cas, me voici, moi, Djamel Lifa, dans cette maison qu'on appelle la Franc-Maçonnerie. Pourquoi me trouvé-je ici plutôt qu'ailleurs ? Cet homme que j'ai admiré m'a inspiré le désir de connaître l'Ordre, puis de lui appartenir. J'aurais choisi un autre modèle, mon orientation aurait été toute différente. Cela ne s'est pas produit. Est-ce le hasard ou bien y a-t-il dans ma nature quelque chose qui me prédestinait à devenir un Franc-Maçon ? Une telle question est-elle un pur délire ou bien peut-on lui répondre quelque chose d'à peu près sensé ? Toi-même, peux-tu envisager un commencement de réponse à l'interrogation que je soulève ?

A. B.- Je puis du moins te présenter la fable que je t'annonçais l'autre jour : celle de l'abeille et du papillon. Les fables, paraît-il, répondent souvent aux questions que l'on se pose.

D. L. *(étonné)*.- Eh bien, va, je t'écoute.

A. B.- Il est de coutume, lorsque naît un enfant de sang royal, que des fées, des génies ou d'autres êtres surnaturels viennent prononcer au-dessus de son berceau les souhaits qui, plus tard, feront de lui une personne couverte de dons et de charismes. Or, si tu n'es prince par le sang, tu l'es par l'âme car toute ta vie tu as été un valeureux combattant. C'est pourquoi ton berceau lui aussi fut visité. La Providence dépêcha auprès de toi une fée et un génie. Mais comme tu étais aussi petit et léger qu'une plume, ils voulurent se mettre à ta portée et, réduisant leur taille, ils vinrent à toi, la fée sous l'aspect d'une abeille et le génie sous l'apparence d'un papillon. Les voici donc tous les deux au-dessus du berceau où tu es en train de goûter ton premier sommeil hors du sein maternel. Le papillon, qui venait de butiner le pollen d'une fleur, laissa tomber sur toi une goutte de la précieuse mixture qu'il en avait formée. Quant à l'abeille, elle se faufila sous les draps et alla te piquer au talon, cet organe qui, en raison de sa rugosité, est sans doute l'endroit le moins sensible de notre corps.

Je n'invente rien de ce que je dis là, je l'induis de ce qui va advenir de toi dans la suite de ton existence. Mais peut-être Hafsia sera-t-elle en mesure de corroborer mes dires car, en ce temps-là, elle demeurait continûment à ton chevet et ne te quittait jamais des yeux.

Or par la double intervention de ces deux petites bêtes s'opérait sur ta personne un *ibbour, une fécondation.* Par cette fécondation, le papillon te communiqua son aérienne légèreté et l'abeille son énergie, énergie minuscule, certes, mais si têtue et finalement si efficace.

En conséquence, lorsque plus tard tu te mis à boxer, *tu appris à t'envoler comme un papillon loin des coups de l'adversaire et à le piquer comme une abeille jusqu'à ce que la peau lui en cuise.*

Mais ce ne sont pas là les seuls cadeaux que l'abeille et le papillon sont venus déposer dans ton berceau. Car, apprends-le, ces deux petits êtres font partie du bestiaire des initiés et, plus précisément, sont des insectes francs-maçons.

En effet, de même que l'initié franc-maçon se dépouille du vieil homme qui était en lui, de même il faut que le papillon se déleste de la chenille toute terrestre en quoi il consistait afin de prendre son envol vers les hauteurs. Souvenons-nous également que le rituel maçonnique demande : « - *Pourquoi vous êtes-vous fait recevoir Franc-Maçon ?* » A quoi l'on doit répondre : *« - Parce que j'étais dans les ténèbres et que j'ai désiré la lumière. »* Et certes, le papillon est le plus franc-maçon de tous les Francs-Maçons car si grand est son attrait pour la lumière qu'à peine aperçoit-il la flamme d'une chandelle qu'aussitôt il se précipite, vient tourner autour d'elle, tourne et tourne jusqu'à s'enivrer, jusqu'à s'étourdir, et, au comble de l'exaltation, finit par se jeter au feu afin de devenir lui-même flamme et lumière.

Quant à l'abeille, certes elle est, elle aussi, une initiée. Le Prophète Muhammad dit que cet insecte assurément ne saurait faire tout ce qu'il fait s'il n'avait reçu une révélation d'en haut[16].

---

16 *« Ton Seigneur a révélé à l'abeille : Cherche-toi des maisons dans les montagnes, dans les arbres et dans les constructions des hommes. Nourris-toi de tous les fruits, et voltige dans les chemins frayés de ton Seigneur. De tes entrailles sortira une liqueur variée*

Ce n'est pas un hasard si les prêtresses d'Eleusis étaient appelées *les abeilles*. En hébreu, le nom de l'abeille est *Déborah* et c'est là le nom de la prophétesse à la parole équitable qui, aux temps sacrés, rendait la justice sous un palmier. Elle était la Parole par excellence, son nom, *Déborah*, étant parent du mot *davar* qui veut dire *parole*. Les abeilles pratiquent une forme supérieure d'alchimie puisque du pollen des fleurs elles font une substance dorée, le miel, lequel entre dans la composition de l'hydromel et de l'ambroisie, boisson et nourriture des dieux. Or, le rapport de cet insecte avec le sacré est encore attesté par la ressemblance de son nom, *l'abeille*, avec ce lieu de retraite et de méditation qu'est *l'abbaye*. Et que l'abeille soit une Franc-Maçonne, voilà qui est attesté de multiples façons. La ruche a tant d'analogies avec la Loge que bien des Ateliers maçonniques se sont appelés *La Ruche*[17]. Les habitantes de cette ruche sont des *ouvrières*[18] et certaines sont carrément appelées *abeilles maçonnes*. Comme leurs Frères et Sœurs humains, elles connaissent l'art de la géométrie[19], ainsi qu'en témoigne la forme parfaite de leurs alvéoles. Elles oeuvrent à couvert[20] et *leur travail ne s'arrête jamais*[21]. Elles sont armées d'un glaive flamboyant[22] pour punir l'indiscret qui tenterait de surprendre leurs opérations mystérieuses. Elles ont une reine qui,

---

qui servira de remède à l'homme. Certes, il y a dans ceci des signes pour ceux qui réfléchissent. » (Coran XVI, 70-71*). Un hâdith dit encore : « Le croyant doit suivre l'exemple de l'abeille qui ne mange et ne produit que de bonnes choses ».*

17 L'abeille figure dans le sceau de plusieurs Ateliers. Elle a également fourni le titre d'une revue fondée par Marconis de Nègre en 1865.

18 Rappelons que les Francs-Maçons sont, au moins symboliquement, des constructeurs.

19 Au jugement des Francs-Maçons, la géométrie est la reine des sciences car c'est elle qui garantit la solidité et la beauté des édifices.

20 *Travailler à couvert,* c'est, dans le langage maçonnique, travailler à l'abri des regards des profanes.

21 Formule du rituel maçonnique.

22 L'une des armes symboliques du Franc-Maçon pour écarter les profanes indiscrets.

semblable au Vénérable Maître de la Loge, a pour fonction principale de créer de nouvelles ouvrières[23].

Certes, la maladie qui frappe aujourd'hui la Confrérie des abeilles et les fait mourir par grappes entières est de mauvais augure pour notre monde. Nombre de ruches ne sont plus que des cités sinistrées. Avec leur extinction, c'est peut-être l'une des dernières sociétés policées qui est en train de disparaître de la terre. Et le monde profane serait bien inspiré s'il s'avisait de protéger ses abeilles et, corollairement, s'il renonçait à jeter périodiquement le discrédit sur les homologues humains de ces gracieux insectes.

Mon cher Djamel, c'est donc de la visite d'un papillon et d'une abeille lorsque tu étais encore au berceau que résultent le boxeur que tu as été hier et le Franc-Maçon que tu es aujourd'hui.

D. L. *(riant de bonne grâce)* - Et voilà pourquoi je suis devenu Franc-Maçon ! A cause de la salivation d'un papillon et de la piqûre d'une abeille ! Tu te moques ! Ce n'est pas une vraie réponse à la question que je posais.

A. B.- Crois-tu ? Une question te tourmentait et voici qu'elle se dissipe sous le charme de la fable. Que demander de plus à une réponse ? Le symbole dont il est fait si amplement usage dans nos Loges agit souvent de cette manière. Et à la fin de nos travaux, nous repartons avec notre salaire[24], contents et satisfaits.

Raconte-moi, à présent, comment s'est passé le processus de ton admission en Franc-Maçonnerie.

D. L.- Eh bien, j'ai d'abord été soumis à trois enquêtes. Dès la première, j'ai été favorablement impressionné. Elle s'est déroulée au domicile d'un médecin, un homme petit de taille, plein de rondeurs dans tous les sens du terme, souriant, chaleureux.

---

23 C'est le Vénérable ou Président de la Loge qui confère l'initiation maçonnique, laquelle est considérée comme une seconde naissance.

24 Le *salaire* en Franc-Maçonnerie est la sérénité que l'on a acquise grâce au travail maçonnique.

Il a commencé par me dire que l'interrogatoire qui allait suivre n'avait rien de commun avec une enquête policière : l'objet de l'entretien serait seulement de déterminer si la Franc-Maçonnerie et moi, nous pourrions nous convenir mutuellement. En somme, ce que nous allions étudier ensemble c'était la perspective d'un mariage de raison entre la Franc-Maçonnerie et moi : dans cette sorte d'examen nul n'a de motif de s'offusquer si la conclusion est que l'union envisagée ne peut se faire.

Il m'a précisé également que l'entretien que nous allions avoir ne serait pas non plus un examen de passage et que si je ne savais pas répondre à telle ou telle question, cela n'aurait aucune importance. En fait, au cours de ces enquêtes, on teste, non le savoir de l'impétrant, mais ses qualités humaines.

A. B.- Ces enquêtes t'ont été favorables. Que s'est-il passé après elles ?

D. L.- J'ai été convoqué à la Grande Loge de France, rue Puteaux, pour subir ce qu'on appelle *le passage sous le bandeau.*

Quand j'ai appris que j'allais comparaître devant une petite assemblée, j'ai joué devant mon miroir les matamores. A Bercy, je m'étais produit devant quinze mille personnes ; ça n'étaient pas trente paroissiens qui allaient me faire perdre contenance. Eh bien, ouiche ! Le jour venu, ça a été l'épouvante.

Tu sais comment ça se passe. Les yeux bandés, on est introduit dans le Temple. Tes hôtes commencent par te mettre à l'aise, à peu près dans les termes du médecin dont je t'ai parlé. Mais c'est plus fort que toi : tu ressens ces préambules comme si c'étaient les paroles rassurantes du bourreau au condamné à qui on va administrer la piqûre létale.

Car, bientôt, voici que fusent les questions, un déluge de questions qui sifflent vers toi, venues on ne d'où, tels des obus, et toi, tu pares comme tu peux à la menace. Tu réponds tu ne sais quoi à des interrogations dont le sens s'est perdu dans les vapeurs de l'émotion.

J'ai eu horreur de ce moment-là.

Moi, qui jusqu'ici avais vécu dans la lumière, sous les feux de la rampe, voilà que je me retrouvais dans le noir. J'ai horreur du noir, c'est physique ; depuis l'enfance, cette crainte ne m'a jamais passé.

C'est vrai que, à la longue, on s'habitue à l'obscurité : j'ai donc fini par comprendre plus ou moins ce qu'on me demandait. Je ne me suis pas senti plus à l'aise pour autant. Ce n'étaient pas de ces questions complaisantes comme celles que posent les journalistes, mais des coups de sonde qui me pénétraient jusqu'au tréfonds de l'être. Des interrogations qui me terrorisent parce qu'elles portent sur mon humanité et m'obligent à me demander si je vaux quelque chose de ce point de vue. Et j'ai peur, terriblement peur, que la réponse ne soit négative.

Où étaient passés l'abeille et le papillon ? L'une avait perdu son dard, l'autre ses ailes. Je me retrouvais sans défense.

Bref, ce soir-là a été une plus grande épreuve que le jour où j'ai combattu pour le championnat d'Europe. Et quand tout a été fini, quand j'ai pris congé, je n'avais plus de jambes, plus de muscles, plus de souffle, plus rien, j'étais devenu flasque comme un jouet en plastique, plus mal en point qu'à la plus piteuse défaite de ma carrière. C'est tout juste s'il n'a pas fallu une civière pour me reconduire sur les parvis du Temple.

Mais il paraît que cette décomposition d'un fanfaron a plu et qu'elle a joué en faveur de mon admission. Sur l'instant, je ne l'aurais pas cru, tant j'étais ulcéré par les éclats de rire des Frères. Je pensais qu'ils se moquaient de moi. En fait, ils riaient d'attendrissement.

A. B.- Et te souviens-tu de quelques-unes des questions qu'on t'a posées ?

D. L.- Je me souviens de l'effet terrible qu'elles ont eu sur moi plus que de leur libellé. Seules les plus banales me sont restées en mémoire. Par exemple, on m'a demandé ce qui m'avait incité à solliciter mon entrée en Franc-Maçonnerie. J'ai répondu qu'il y avait parmi eux quelqu'un que j'aurais aimé être en lieux et place du Djamel Lifa que je suis. Cette réponse les a fait rire également.

D. L. *(surprenant un sourire chez son interlocuteur)* - Tu vois, tu te moques, toi aussi.

A. B.- Je ne ris pas seulement de toi, mais aussi de moi-même. Je songe au comique de cette situation par laquelle nous sommes tous passés, nous autres Francs-Maçons. Tous autant que nous sommes, chacun à notre tour, nous avons joué les ahuris en visite chez les gens qui savent.

Le ridicule, pourtant, ne nous a pas tués parce qu'il y avait aussi le côté fabuleux de l'aventure : nous étions Alice au pays des merveilles, Gulliver chez les géants, le petit Prince égaré dans une planète inconnue.

D. L.- Cette impression, éprouvée lors de mon initiation, d'avoir atterri sur une planète inconnue, ne m'a jamais totalement quitté. Même aujourd'hui, après quatre années de Franc-Maçonnerie, à peine entré-je dans le Temple, ce sentiment d'étrangeté vient aussitôt m'assaillir.

Il faut reconnaître qu'il y a de quoi.

D'abord, qu'est-ce que c'est que ce lieu, le Temple, où il fait nuit et jour en même temps, puisque le soleil et la lune y figurent ensemble ?

La Loge est, dit-on, un symbole de l'Univers tout entier. Mais alors sur quel lieu impossible, les trois fenêtres, à l'Orient, au Midi et à l'Occident, ouvrent-elles ?

Pourquoi les Frères sont-ils armés jusqu'aux dents de leurs glaives flamboyants alors qu'eux-mêmes proclament qu'ils sont ici dans un lieu *« où règnent le silence, la concorde et la paix »* ?

Pourquoi se déplacent-ils par mouvements circulaires quand la ligne droite est le plus court chemin d'un point à un autre ?

Pourquoi ont-ils ménagé au centre de la Loge un pavement alors qu'il est interdit de marcher dessus ?

Sur quelle horloge inconnue lisent-ils qu'il est midi ou minuit quand ma montre (qui est bien réglée) marque dix heures précises ?

Comment comprendre qu'ils attribuent à ce jour que nous sommes en train de vivre une date qui ne correspond à aucune de celles que lui assignent les calendriers connus ?

A la façon dont ils regardent leurs compas et leurs équerres, on a le sentiment que les Frères voient en eux autre chose que de simples instruments destinés à tracer des cercles et des lignes droites. Quelles propriétés secrètes discernent-ils donc en ces objets ? Et comment comprendre qu'aucun mathématicien n'ait point décelé avant eux de telles propriétés ?

Comment comprendre que les Frères rendent un culte au Grand Architecte de l'Univers tout en professant qu'il n'est pas Dieu.

Dans quelle langue inconnue se font leurs acclamations, puisqu'elles ne sont ni en anglais comme les *hourrah* ni en latin comme les *vivat* ?

Parlant du Temple, *« ici tout est symbole »,* prévient le rituel. Et de fait, dans le Temple il n'y a pas un objet, pas un mot, pas un geste qui ne constitue un mystère et un sujet d'étonnement.

Oui, en sollicitant son entrée en Franc-Maçonnerie, on est à cent lieues de soupçonner ce qu'on va y trouver. Mais une fois à l'intérieur, on ne le sait pas davantage. C'est comme lorsqu'on passe brusquement de l'obscurité à la lumière ou de la lumière à l'obscurité : éblouis, les yeux ne peuvent rien distinguer. Sauf qu'ici, dans le Temple, l'éblouissement met des mois, voire des années, à se dissiper. A se dissiper plus ou moins : au terme d'une longue vie de Franc-Maçon, l'entendement n'est jamais entièrement remis de son éblouissement.

Il y a des gens qui trouveraient insupportable la condition de Maçon.

D'autres acceptent et même s'enthousiasment de vivre en compagnie du Mystère, en familiarité avec lui.

A. B.- Toi-même, es-tu parvenu à percer quelques-unes de ces énigmes maçonniques ?

D. L.- Quelques-unes peut-être et en fort petit nombre, malgré la chance qui m'est échue d'avoir un instructeur extraordinaire, un éveilleur, devrais-je dire, car son idéal n'était pas d'enseigner, mais d'éveiller. Tu le connais : c'est Jean-Paul. Il a été mon entraîneur en Franc-Maçonnerie, mon second Vitobello. Jean-Paul, c'est…

A. B.- Un homme inspiré.

D. L.- Passionné.

A. B.- Enthousiaste. *Enthousiaste* veut dire *habité par une inspiration divine.*

D. L.- Avec lui, j'ai compris ce que c'est qu'une vraie fraternité. Un jour, il m'a dit : *« -Si j'ai accepté la fonction d'instructeur de la Loge, c'est pour toi. »* Une de ces paroles qui ont la propriété de me faire fondre.

A. B.- Et qu'est-ce, pour toi, que la vraie fraternité ?

D. L.- Est-ce une chose qu'on peut définir ou seulement ressentir avec ses tripes ?

Peut-être pourrai-je te donner un exemple d'expérience de la fraternité. L'initiation est, tu le sais, communément considérée comme une nouvelle naissance. Or, le jour où elle a eu lieu pour moi, un autre garçon était reçu Franc-Maçon en même temps que moi. Etant *« nés »* ensemble, nous sommes donc, symboliquement, des frères jumeaux. C'est au demeurant ce dont nous avons été informés, lui et moi, à l'issue de la cérémonie : *« -A présent que vous êtes nés ensemble, vous êtes des frères jumeaux. »*

A. B.- Eh bien ?

D. L.- Eh bien, je suis arabe et ce frère jumeau qui m'a été donné est juif. C'est une chose extraordinaire que des gens qui, dans le monde profane, sont souvent à couteaux tirés, puissent, au sein de l'Ordre maçonnique, se retrouver frères jumeaux, peut-être même univitellins, issus du même oeuf.

Quoi qu'il en soit, en naissant en même temps que ce frère, j'ai éprouvé un sentiment d'une intensité extraordinaire. Je vivais un événement qui dépassait notre cas personnel, à lui et à moi. C'était comme si, par notre truchement, deux communautés françaises, la juive et la musulmane, tout à coup, n'en faisaient qu'une. L'union avec ce frère, il me semblait qu'elle grandissait, qu'elle prenait des dimensions cosmiques. C'était comme si…

A. B.- … le conflit du Proche-Orient s'effaçait, disparaissait, comme s'il n'y avait plus là-bas qu'un seul peuple, fait de juifs et d'arabes, ni de juifs ni d'arabes, fait d'êtres humains tout simplement.

D. L.- Un rêve. Un rêve qui se réalise dans le lieu clos du Temple, mais qu'on aimerait voir déborder quelque peu vers l'extérieur.

A. B.- Tu viens de définir exactement la Franc-Maçonnerie. C'est un rêve fait en commun, mais un rêve au cours duquel nous tendons toutes nos forces pour qu'il déborde un jour dans le monde réel. C'est pourquoi nous disons en Loge : *« -Le devoir du Maçon est de répandre au dehors la lumière qu'il a entrevue dans les opérations de la Loge de Saint-Jean ».*

D. L.- Et ce rêve est celui d'une concorde universelle. Le rituel définit en effet le Temple : « *Un lieu très éclairé, très régulier où règnent le silence, la concorde et la paix.* »

A. B.- Cette idée de concorde universelle est de nature à résoudre quelques-unes des énigmes que la Franc-Maçonnerie soumet à notre intelligence. Ainsi, nous dirons que c'est la concorde qui réunit dans l'espace du Temple le soleil et la lune. Eux qui, dans la réalité, préfèrent s'éviter à cause de cette différence de goût qu'ils ont, l'un pour le jour, l'autre pour la nuit, les voilà, au sein du rêve que les Maçons font en commun, qui se tiennent côte à côte comme des frères jumeaux.

*

*   *

Djamel Lifa.- J'ai bien peur que le récit de ma vie ne s'achève ici. Je crois bien que je n'ai plus rien à dire de notable.

André Benzimra.- En ce cas, nous n'allons plus tarder à mettre un point final à ce livre.

D. L.- Il me manque déjà, ce livre. C'est comme un ami qui va mourir.

A. B.- C'est plus qu'un ami. C'est un éveilleur, lui aussi, comme Gaëtan, comme Jean-Paul. Il nous a révélé beaucoup de choses sur nous-mêmes et nous en révélera encore beaucoup d'autres quand nous le relirons. Grâce à lui, nous trouverons peut-être à faire un meilleur usage de nous-mêmes. Quoi qu'il en soit, il restera vivant longtemps après que nous aurons fini de l'écrire car c'est autour de lui que s'est tissée l'amitié qui nous lie désormais toi et moi.

D. L.- Ces mots seront-ils les derniers notre livre ?

A. B.- Non pas. La biographie d'un homme vivant ne s'arrête pas à ce qu'il a déjà vécu. Il nous reste encore à parler de tes projets.

D. L.- C'est vrai. Et ce dernier chapitre sera peut-être le plus important de tous puisque mes projets pour la suite de ma vie résulteront pour une bonne part de ce que ce livre m'aura appris.

A. B.- C'est une chose étrange qu'un livre. Il est la création de son auteur et en même temps il en est le créateur puisqu'il le modifie, parfois même de fond en comble.

D. L.- C'est pourquoi je te serai à jamais reconnaissant, mon cher André, de m'avoir prêté ta plume, toi qui sais écrire, afin de m'aider à voir clair en moi-même.

Dans ce dernier chapitre, je voudrais qu'il soit surtout question des projets que nous tenterons de réaliser ensemble, toi et moi, car je n'imagine pas que notre collaboration puisse prendre fin avec l'achèvement de cet ouvrage.

XI

Avenir…

« Heureux celui des hommes vivant sur la terre qui a vu ces choses ; celui qui n'a pas connu les saintes fêtes de Dionysos et celui qui y a pris part, même après la mort, n'auront pas un sort pareil dans le séjour des ténèbres. » (Hymne homérique)

« O trois fois heureux ceux des mortels qui, après avoir contemplé ces Mystères, vont dans la demeure d'Hadès ; car ceux-là seuls y posséderont la vie. » (Sophocle)

André Benzimra.- Eh bien, Djamel, cet avenir, comment l'envisages-tu ? Professionnellement, d'abord, comptes-tu rester à la mairie de Thiais ?

Djamel Lifa.- Oui, pour l'instant. Mais il faudrait que je trouve assez vite un travail complémentaire.

A. B.- Tes ressources sont insuffisantes ?

D. L.- Pas du tout. Mais j'ai acquis un certain nombre de connaissances sur les sports et le développement harmonieux du corps humain et je considère comme un devoir de transmettre ce qu'on a appris.

A. B.- Et quelle sorte de travail complémentaire aimerais-tu faire ?

D. L.- Mon rêve serait d'obtenir un poste de consultant, c'est-à-dire de commentateur sportif, à la télévision ou à la radio. J'ai déjà assuré de telles fonctions : en effet, j'ai été pendant trois ans le collaborateur de Jean-Claude Bouttier à

Canal +. Puis est venu un temps où la boxe s'est faite plus rare et où Jean-Claude pouvait assurer seul la couverture des combats.

A. B.- Et qu'est-ce donc qui te plaisait tant dans ces fonctions ?

D. L.- La même chose que toi dans l'art de la biographie. La passion de se mettre à la place de l'autre, de s'identifier à lui et, ce faisant, de vivre grâce à lui une seconde vie.

Ces trois années passées à Canal + ont été comme le prolongement de ma carrière de boxeur. Lorsque j'avais à commenter un combat, il n'était pas rare que je perde de vue le fait que j'étais seulement le commentateur. Je me voyais moi-même sur le ring, en plein cœur de l'action.

Je m'identifiais si bien au boxeur dont j'étais le supporter que, de seconde en seconde, je prévoyais ce qu'il allait faire, à quel moment il allait toucher, comment il allait esquiver. Il arrivait que la foule se mette à trépigner d'enthousiasme devant telle action de son héros alors que moi, je ***savais*** qu'il était sur le point de tomber. Ou bien encore l'arbitre achevait de compter l'épuisement de l'homme à terre et je disais : *« Il va se relever. »* Et il se relevait à l'ultime seconde.

Mon cerveau n'était plus qu'une galerie de personnages : dans la vie de tous les jours, presque toutes mes pensées tournaient autour de telle ou telle figure de la boxe. Et, sans crier gare, aux moments les plus inattendus, surgissaient dans mon esprit des anticipations quasi - hallucinatoires : je pressentais quel match, quel round, tel de mes favoris gagnerait ; dans lequel il serait mis à mal.

A. B.- Et quel était le style de tes commentaires ?

D. L.- Celui d'un instituteur. J'étais animé d'une passion : celle de transmettre ce que j'avais appris au cours de ma carrière.

De la sorte, mon commentaire se déroulait sur deux registres. D'une part, je relatais le match, j'en décrivais les péripéties. D'autre part, en arrière-plan, j'enseignais au spectateur les secrets de la boxe, son vocabulaire, ses techniques, les effets de tel coup décoché sous le menton ou sur l'arcade sourcilière ; je désignais le grand champion chez qui tel boxeur était allé chercher son inspiration ; au passage, je trouvais même le moyen de parler de la vie ordinaire du boxeur en général, par exemple des sacrifices que doit consentir un poids léger ou plume pour conserver sa ligne, de la faim constante qui lui tiraille nuit et jour l'estomac. En un mot, mes commentaires, c'était une encyclopédie de la boxe.

Oui, j'ai aimé ce métier de consultant. Pour les raisons que j'ai dites, mais également pour ceci qu'il me permettait de continuer à vivre dans la lumière. Non pas, hélas ! dans la grande lumière du ring que j'avais jadis connue, mais dans la petite lumière de ses abords immédiats.

Je pense que cette fascination pour la lumière a sûrement été pour quelque chose dans mon entrée en Franc-Maçonnerie puisqu'il est dit qu'on rejoint l'Ordre pour trouver la lumière.

Qu'est-ce donc, selon toi, que la lumière ?

A. B.- Dans le monde physique, c'est ce qui fait jaillir les formes hors de la nuit où toutes choses se mêlent. Dans la sphère du mental, c'est la connaissance qui dissipe la confusion des idées. Ces deux lumières, physique et spirituelle, ont là-haut, dans la demeure du Grand Architecte, leur Principe commun : la véritable Lumière qui consiste en ce qu'on appelle la Sagesse. S'il ne nous est possible de l'atteindre, au moins nous est-il recommandé de commencer notre cheminement vers elle.

Mais, dis-moi, si l'occasion ne t'est pas fournie de redevenir consultant, que feras-tu ?

D. L.- En ce cas, je tenterai de me trouver un emploi d'entraîneur. La boxe est un sport noble et elle m'a apporté tant de joies, m'a si bien enseigné à maîtriser mon corps et mes nerfs, à me détacher des mesquineries de la vie, et tant, tant d'autres choses encore que je me sens envers elle une dette que je n'aurai jamais fini de payer.

Tant que j'en aurai la force, je m'emploierai donc à faire découvrir aux jeunes ce trésor qu'est la boxe et à convaincre les parents des bienfaits que leurs enfants tireront de ce sport.

J'ai une dette particulière vis-à-vis de Cassius Clay duquel j'ai hérité la fameuse technique de l'abeille et du papillon. Je ne veux pas que celle-ci tombe dans l'oubli : j'entends que d'autres générations que la mienne continuent de la pratiquer. Le souvenir des grands athlètes, ce n'est ni dans le tapage de l'édition ni dans le secret des mémoires qu'il se conserve, mais, sur les rings, dans les gestes de jeunes boxeurs pleins de vie et d'espérance.

*
* *

André Benzimra.- Tu es jeune, Djamel. A ton âge, le travail n'est pas tout. Il y a aussi la douceur des amours. Tu n'as pu être champion du monde. Ce n'est pas une raison pour que l'homme sensible que tu es demeure inachevé dans le domaine du sentiment. Voilà déjà longtemps qu'*Elle* est partie. L'heure est peut-être venue de tourner la page…

Djamel Lifa.- C'est ce que me disent mon père sur un ton péremptoire et ma mère de sa voix si douce :

« - Quand l'oublieras-tu ? Elle t'a fait souffrir. Quand tout le monde t'admirait, te fêtait, elle seule te déniait toute importance, te dévaluait. Tu avais beau t'ingénier à lui plaire, ce n'était jamais ce qu'elle attendait. Elle était tout pour toi. Mais toi, tu n'étais pas grand-chose pour elle. Pour elle tu aurais donné ta vie. Mais elle n'a eu que faire de te soutenir dans l'épreuve : alors que tu vivais tes jours difficiles dans ce Paris sportif sans pitié, elle s'est éloignée de toi… Et que t'a-t-elle laissé ? Ce vide qui subsiste éternellement dans ton âme, comme une soif que rien n'étanche, comme une maladie incurable. Oublie-la, Djamel, renvoie-la loin de toi. Téyich, téyich (jette), Djamel. »

A. B.- Voilà des paroles de bon sens. Les as-tu entendues ?

D. L.- Bien sûr, bien sûr. Mais le passé peut-il disparaître sans laisser de traces, d'un seul coup, sous l'effet de quelques paroles de bon sens ? Ah ! si *Elle* pouvait définitivement demeurer dans ce passé révolu au lieu de venir hanter ma mémoire ! Mais non, son souvenir revient encore me visiter.

De moins en moins souvent, mais encore trop souvent. Et nos amours, mortes aujourd'hui, ont peut-être laissé sur moi une marque indélébile. Car je suis devenu semblable à ce qu'elle-même a été depuis toujours, quelqu'un qui doute de sa raison d'être, du sens de sa vie, qui se morfond d'on ne sait quel mal existentiel.

A. B.- N'y a-t-il donc personne qui puisse panser cette blessure ?

D. L.- Je suis peut-être un incorrigible sentimental. Mais ma conviction intime est qu'un jour une petite personne émergera de mes rêves pour faire son apparition dans ma vie.

A. B.- Comment l'imagines-tu ?

D. L.- La lumière que tu vois chaque jour à midi plein te donnera une idée de ce que j'imagine la nuit venue, quand minuit atteint son apogée. Pour le reste, autant qu'on puisse juger un songe, elle semble être une fille toute de candeur, de droiture, de douceur et de charme. Lorsqu'elle entre dans mon rêve, d'un seul coup toute ténèbre disparaît. Les moiteurs de la nuit cèdent la place aux rosées du matin et je me baigne dans ma bien-aimée comme dans une eau lustrale. Alors, oh alors, mon cher André, les rayons du soleil à son zénith ont beau entrer par effraction par les interstices de mes paupières, je résiste aux invites de la réalité et me cramponne de toutes mes forces à mon impalpable amante.

Jusqu'ici, mes réveils m'ont enseigné que je n'étreignais qu'un fantôme. Mais j'ai bon espoir qu'à force de l'appeler de mes vœux, ce fantôme finira par prendre consistance. Ce jour-là sera l'instant de vérité ; ce jour-là, je verrai bien si je suis encore apte à rendre une femme heureuse, apte à recevoir d'elle le baume qui dissipera les derniers relents de mes tourments existentiels ?

*

* *

André Benzimra.- Laisse là ton mal existentiel. Songe à une nouvelle saison d'amour. Puis, tu as aujourd'hui un idéal puisque tu es devenu Franc-Maçon…

Djamel Lifa.- Je n'oublie pas cette carrière nouvelle qui s'ouvre devant moi. Elle m'exalte autant que la précédente. Compte donc sur moi pour étudier et méditer les leçons de l'Ordre.

A. B.- Il ne suffit pas d'étudier. Le rituel stipule que *« le devoir d'un Maçon est de répandre au-dehors la lumière qu'il a entrevue dans la Loge. »*

D. L.- Que pourrais-je apporter de bon aux profanes ?

A. B.- Ce livre, peut-être. Quand nous l'avons projeté, il devait être simplement la biographie d'un obscur petit villageois devenu un sportif de haut niveau. Puis, en descendant de l'idée à l'écriture, il a pris la forme d'un de ces récits qui relatent le voyage d'un homme vers la sagesse.

D. L.- Ce n'est pas assez servir le monde que de lui donner un livre, quand même ce serait un livre de haute sagesse.

A. B.- Tu as raison. Lorsqu'il sera édité, su tu en es d'accord, nous prendrons notre livre sous le bras et irons le présenter à un quartier où cohabitent dans la défiance des communautés différentes. Nous dirons à qui voudra nous entendre que les auteurs de cet ouvrage sont un juif et un arabe. Puis, nous ferons la lecture de quelques extraits de notre livre, par exemple celui où tu rapportes comment toi, l'arabe, tu es devenu le frère jumeau d'un juif. Nous leur expliquerons la richesse que représente la différence. (*« Si tu es différent de moi, tu m'enrichis. »*), l'appauvrissement qui résulte de l'enfermement d'une communauté sur elle-même. Nous expliquerons combien il est douloureux pour soi-même d'éprouver la haine de l'autre et quel plaisir il y a, au contraire, à vivre en amitié avec son voisin.

D. L.- Nous ne ferons pas de politique.

A. B.- Ce serait semer la discorde.

D. L.- Nous ne nous mêlerons pas du conflit qui déchire le Proche-Orient.

A. B.- Certainement pas. Nous rappellerons que notre avenir n'est ni à Gaza, ni en Israël, mais en France, que c'est dans ce pays que nous avons à vivre ensemble, dans la paix, la bonne entente et, pourquoi pas ? dans la fraternité.

Une amitié comme celle que nous avons tissée toi et moi, en dépit de l'éloignement de nos milieux, pourquoi les voisins d'une même cité, d'un même palier, en seraient-ils incapables ?

D. L.- S'il advient que notre action dans ce quartier porte ses fruits, nous choisirons un lieu, place ou jardin, et nous demanderons au Maire de le rebaptiser. Ce sera la *Place de l'Amitié* ou le *Jardin de l'Entente.*

A. B.- A la longue, peut-être verrons-nous fleurir un peu partout en France des *Places de l'Amitié* et des *Jardins de l'Entente.*

D. L.- Répandre la lumière, soit. Mais je ne suis pas d'avis d'entretenir les populations de notre engagement maçonnique. Au demeurant, l'Ordre n'encourage pas le prosélytisme.

A. B.- Il y a bien des formes de sagesse et il serait présomptueux de nous instituer les prosélytes de la sagesse maçonnique, d'autant que beaucoup d'autres valent bien celle-là. Outre cela, la pensée maçonnique s'enveloppe dans des expressions fort difficiles à comprendre pour qui n'a pas reçu l'initiation.

D. L.- Nous n'allons pas nous amuser à jouer les mystérieux.

*
* *

André Benzimra.- Tels sont donc les souhaits que je forme pour toi : un travail qui te plaise, le retour du printemps sur tes amours, une bonne activité de loisirs en faveur de la fraternité. Voilà de quoi occuper avec bonheur le reste de ton temps.

*
* *

André Benzimra.- Puis viendra le jour où tu devras à nouveau raccrocher tes gants, mais cette fois pour tout de bon…

Djamel Lifa.- A ce qu'il me semble, tu entends évoquer ici le jour de mon départ pour l'autre monde ?

A. B.- En effet.

D. L.- Une biographie est l'histoire d'un être vivant. Quelle nécessité y a-t-il d'évoquer sa mort ?

A. B.- Sophocle affirmait que « *personne ne peut dire qu'un homme a été heureux tant qu'il n'a pas franchi le terme de sa vie.* » Aussi essaierons-nous de scruter par avance la fin de ta vie pour tenter de présumer si ceux qui viendront après toi pourront dire : *Djamel Lifa a été heureux.*

Dis-moi comment tu comptes aborder ce moment difficile ?

D. L.- Avec répugnance, je crois, car malgré bien des déconvenues, en définitive j'ai beaucoup aimé la vie. Toutefois…

A. B.- Toutefois ?

D. L.- Eh bien, j'ai entendu dire que le mot *agonie* signifie *combat.* Voilà donc un moment, l'instant ultime, qui ne me changera peut-être pas de bien d'autres moments que j'ai connus durant ma vie de boxeur. Peut-être la dernière heure n'est-elle pas celle où l'on doit raccrocher ses gants, mais, tout au contraire, celle où l'on doit les enfiler en vue d'un dernier combat.

A. B.- Un combat que tu auras à mener seul…

D. L.- Et non plus assisté, encouragé par des milliers de supporters…

A. B.- Dans l'obscurité…

D. L.- Et non plus sous les feux de la rampe comme lorsque j'étais une star…

A. B.- Alors ?

D. L.- Alors, malgré la solitude et l'obscurité, je m'efforcerai de relever le défi, de me battre courageusement. Un boxeur ne peut finir comme un veau qu'on traîne à l'abattoir. Si le moment venu, je me mettais à gémir à cause du chagrin que j'aurai d'avoir à me quitter, c'est moi-même que je décevrai. J'aurai le sentiment de trahir mon père qui me claironnait lorsque sonnait l'heure du travail : *« - Allez, allez, on y va. »*, de trahir les Vitobello, les Ramdane, les Benamou qui me poussaient vers mes adversaires en criant : *« - Allez, vas-y, petit, courage ! »*

A. B.- Et après que tu auras rendu ton dernier soupir, que feras-tu ?

D. L.- Que me restera-t-il à faire ? N'aurai-je pas alors épuisé tous les combats que j'avais à mener ?

A. B.- Qui sait ?

D. L.- Précisément, nul ne le sait.

A. B.- On dit parfois…

D. L.- Qui le dit ?

A. B.- La Franc-Maçonnerie, peut-être.

D. L.- Développe ta pensée.

A. B.- Les Maçons disent de l'initiation qu'elle est une nouvelle naissance ; que les épreuves qui la précèdent sont à comprendre comme une agonie et une mort.

Or, ces épreuves ressemblent étrangement à celles dont il est question dans *Le Livre des morts tibétain,* ce livre que les prêtres lisent à l'agonisant et un peu plus tard au défunt lui-même. Le prêtre décrit les hallucinations terrifiantes que son auditeur va devoir affronter au travers de ce qu'il lui reste de vue et d'ouïe et il lui dit : *« - Si tu affrontes avec bravoure ces horribles visions, si tu les tiens pour ce qu'elles sont, les démons sans consistance qui inspirèrent tes passions passées, alors tu atteindras la grande Libération. »* Et ainsi, le lecteur guide l'apprenti défunt au travers du monde intermédiaire, celui qui relie le nôtre à celui de l'au-delà, l'encourageant pas à pas à poursuivre son chemin. De même, lorsque tu fus soumis aux épreuves initiatiques de la Franc-Maçonnerie, il y avait à tes côtés un guide qui t'interrogeait à intervalles réguliers : *« - Voulez-vous poursuivre ou préférez-vous renoncer ? »* Et toi de répondre chaque fois : *« -Je consens à poursuivre. »*

Le rituel de l'initiation maçonnique a d'abord un sens symbolique : il signifie le renoncement à une vie futile et l'entrée dans une univers tout différent du monde profane. Mais, comme tout texte sacré, il doit être pris également dans un sens littéral. A cet égard, il n'est rien d'autre que la description de la mort physique que nous aurons un jour à affronter. Il raconte le même voyage que celui dont parle *Le Livre des morts tibétain.*

Certainement, au terme d'un tel voyage, s'il l'accomplit jusqu'au bout sans faiblir, l'impétrant recevra pour fêter sa victoire des lauriers si éclatants que le plus grand de tous les champions du monde n'en saurait rêver de plus nombreux ni de plus glorieux.

D. L.- Quel bonheur s'il pouvait en aller comme tu dis !

POSTFACE
A l'attention de la nouvelle génération de boxeurs

Dictée et question soumises à son petit-fils, Hugo Romano, par André Benzimra

Dictée

Mohammed Ali (Cassius Clay) a eu un mot pour qualifier une certaine façon de boxer : « - *Je vole comme un papillon et je pique comme une abeille.* » J'ai adopté cette technique. Mes adversaires ont le plus grand mal à me capturer dans leurs filets. Je suis toujours ailleurs qu'au point d'arrivée de leurs gants. C'est mon côté papillon. Je mets à profit l'instant d'ahurissement où les jettent mes esquives pour les piquer là où ça fait mal. Et si je ne frappe pas très fort, de ces coups qui vous coupent le souffle et vous assomment, en revanche le déluge de petites frappes que de tous côtés je fais pleuvoir sur eux finit par leur cuire, leur brûler le cuir. Ça les rend hagards, fous, ça les aveugle. Ils deviennent comme des fantômes errants à la recherche de plus fantôme qu'eux. Voilà pour mon côté abeille.

Mais un jour, un entraîneur a voulu m'inculquer une autre méthode : la tête rentrée dans les épaules, bien emmitouflée derrière mes gants, bref la technique de l'escargot rentré dans sa coquille. Tu incites l'adversaire à se couvrir comme toi. Tu guettes les coins de son corps qui demeurent à découvert et tu y décoches tes coups : le jet de bave inattendu de l'escargot.

Eh bien ça a été l'horreur. Je n'ai pas cessé de prendre des coups sans pouvoir en placer un seul.

D'après Djamel Lifa
Le jour où j'ai raccroché mes gants

Question

Tu expliqueras en quelques mots ta technique de boxe personnelle, si possible en la comparant au comportement d'un animal.

Table des matières

L'HARMATTAN, ITALIA
Via Degli Artisti 15 ; 10124 Torino

L'HARMATTAN HONGRIE
Könyvesbolt ; Kossuth L. u. 14-16
1053 Budapest

L'HARMATTAN BURKINA FASO
Rue 15.167 Route du Pô Patte d'oie
12 BP 226 Ouagadougou 12
(00226) 76 59 79 86

ESPACE L'HARMATTAN KINSHASA
Faculté des Sciences Sociales,
Politiques et Administratives
BP243, KIN XI ; Université de Kinshasa

L'HARMATTAN GUINEE
Almamya Rue KA 028 en face du restaurant le cèdre
OKB agency BP 3470 Conakry
(00224) 60 20 85 08
harmattanguinee@yahoo.fr

L'HARMATTAN COTE D'IVOIRE
M. Etien N'dah Ahmon
Résidence Karl / cité des arts
Abidjan-Cocody 03 BP 1588 Abidjan 03
(00225) 05 77 87 31

L'HARMATTAN MAURITANIE
Espace El Kettab du livre francophone
N° 472 avenue Palais des Congrès
BP 316 Nouakchott
(00222) 63 25 980

L'HARMATTAN CAMEROUN
Immeuble Olympia face à la Camair
BP 11486 Yaoundé
(237) 458.67.00/976.61.66
harmattancam@yahoo.fr

L'HARMATTAN SENEGAL
« Villa Rose », rue de Diourbel X G, Point E
BP 45034 Dakar FANN
(00221) 33 825 98 58 / 77 242 25 08
senharmattan@gmail.com

Achevé d'imprimer par Corlet Numérique - 14110 Condé-sur-Noireau
N° d'Imprimeur : 75340 - Dépôt légal : décembre 2010 - *Imprimé en France*